〈恥ずかしさ〉のゆくえ

菊池久一

みすず書房

〈恥ずかしさ〉のゆくえ　目次

目次

はじめに――いまなぜ〈恥ずかしさ〉なのか

「本日、私の命令の下に、二名の死刑を執行いたしました」。二〇一〇年七月二八日、死刑執行後の記者会見冒頭、千葉景子法務大臣はそう言ったという。

野党時代から一貫して死刑廃止論者として知られた千葉法相が、参院選での落選後、しかも自らの参院議員としての任期切れの直前に、二人の死刑執行命令書に署名したというその動機の推し量りがたさには、正直、とまどった人が多かったのではないか。筆者もその一人だ。死刑廃止論者としてのそれまでの言動を「信頼」してきた者にとっては、まさかとの思いを禁じえなかった。メディアの論調として支配的だったのも、同議員の「変節」ぶりへの批判であった。

法相による死刑執行をめぐっては、二〇〇五年一〇月、弁護士出身で真宗大谷派の門徒である杉浦正健前衆院議員が法相就任直後の会見で、「私の心や宗教観や哲学の問題として死刑執行書にはサインしない」と発言したことがある。一時間後には発言を撤回したものの、結局〇六年九月までの任期中に、死刑執行を命じることはなかった。そして、当時杉浦法相が執行命令書に署名しないという発言を撤回したと報じられたことに対して、「死刑制度に疑問をお持ちであれば、廃止に向けた姿勢を貫くべきではなかったか」（二〇〇六年五月の参院本会議）と批判したのが、千葉景子参院議員その人だ。ちなみに、東京新聞の取材に対して杉浦氏は、「（法務官僚からの圧力があろうがなかろうが）執行権は大臣にある。執行したということは、千葉さんは信念に忠実でなかったということだ」と返したそうだ。

〔註：『東京新聞』二〇一〇年七月二九日22面「こちら特報部」〕。

死刑執行後の会見で千葉法相は、「自分の指揮命令をきちっと確認するということで、立ち会わせていただいた。それに尽きる」「法務大臣としての職責も承知しながら務めてきた」などとも言ったそうだ。そして、「執行が適切に行われたことを自らの目で確認し、あらためて根本からの議論が必要と感じました」「自分の指揮命令をきちっと確認する意味で立ち会った」のだとし、信念を曲げたのはなぜかとの問いには、「私が何か考え方を異にしたということではない。法務大臣として職責が定められていることも承知しながら、大臣職をさせていただいてきた」などと答えたと報じられた。

この一連の経緯を一言で表現するなら、さしずめ「恥ずかしい」ということではなかろうか。「人権派」としての自己像を否定しない一方で、死刑執行はしないと明言した他の法相の姿勢を批判し、自らは一人の政治家として死刑廃止を訴えてもきた、その己自身の立場（自意識としての立場のみならず、他者がその役割をみとめた立場）をかなぐり捨てたとしか受け取れない結末。しかも、それを取り繕うかのように、自ら刑の執行を見届けることで、その自己像の破壊は免れるとでもいうように。刑の執行を見届けた法相は、過去にはいなかったとも言われる。千葉氏は、ことの最後まで、己が目を閉じることなく、人間が殺されていくさまを、本当に見たのだろうか。しかも、二人もの人間の最期を、続けざまに、本当に見届けることができたのだろうか。「執行が適切に行われたことを自らの目で確認し、あらためて根本からの議論が必要と感じました」と、直後の記者会見で冷静に言い放てる感覚には、ある種の怖さを覚える。

しかし、法相の身振りでもっとも破廉恥なのは、「法務大臣の職責」という建前に逃げ込んだことではなかろうか。死刑廃止論を唱える〈私〉の存在する「場」と、法務大臣の職責という〈公〉の「場」をつないだものは、実は議員個人の「私的感情」にすぎなかったのではなかったか。死刑廃止を唱え、取り調べ全面可視化を実現すると言っていた議員が法務大臣となるや、あっさりと信念を捨て去るも、またその恥ずかしさを隠ぺいするかのごとく、死刑の執行を自ら確認したという経験の例外性をアピールするというのは、どうか分かってほしいといった「私的」な感情に基づく行為だったと言えまいか。いや、私的感情を抱くことそのことが問題なのではない。そうではなくて、法務大臣（としての己）の権威を守るという動機が、署名の背後に、わずかでもあったとすれば、それは私的な感情に基づいた行為であったことになることが問題なのである。

しかも死刑執行は、法務大臣の職責によって正当化されるのだと臆面もなく言い切るさまは正に、「〈私〉と〈公〉をひたすら感情レベルでつなごうとする試み」だったのではないかと筆者は思う。

〔註：執行の署名をしたことについて、「死刑という問題について一つ、小石を投じることはできるかもしれない。こういう役目をもらった意味、私なりの遂行の仕方として何ができるだろうか。そういうことかもしれません」（『朝日新聞』二〇一〇年一一月二〇日オピニオン面）と語り、「(責任者として) そこから逃げるわけにいかないということですかね、自分の中で」とか、「時間をおいて、自分なりの整理もしたい。どうやったら制度が動くか、日本が廃止の方向を選択できるのか、考えてみないと、と思っています」（『毎日新聞』二〇一〇年一〇月

二五日オピニオン面）とも語っている。「私なりの」「自分なりの」といった、あらかじめ批判の矛先を鈍らせる効果を期待する表現にも、そのことは窺えるようにみえる。」

取りも直さずそれは、私たちの無意識下で作動し、日々の言動を制御している原理のようなものであり、いわば、私たち自身の「内なる千葉法相」的醜態にもつながるのではないかと思うからだ。死刑執行のすぐあとで刑場の公開を命じたり、あと一月で法相の任期が切れるという時期に、法相在任中に一度も開催されることのなかった死刑制度に関する勉強会を開いたりといった振る舞いも、その己が恥の感情を何とか鎮めようとする行為に見えなくもない。勉強会にいたっては、関係者のみで構成されることの問題点を、日弁連から指摘されてもいる。

［註：二人の死刑執行からちょうど一カ月後の二〇一〇年八月二七日、法務省は東京拘置所の刑場を公開した。参加が許されたのは、法務省の記者クラブに所属する報道機関二一社の記者各一名のみで、フリーランスの記者や雑誌、海外メディアは許可されなかったという。拘置所内の刑場の場所を明かさず、絞縄もはずされ、踏み板下の空間は非公開とするなどの制約をしたことを問われた千葉景子法相は、「まずは私なりの一歩だ」とかわしたと報じられた。さらに九月九日には死刑制度のあり方を検討するとした勉強会も開かれたが、その後死刑存廃論議が活発に議論されているようには見えない。］

「私的な信念や思いを無媒介に自らの政治家としての公的行動の理由づけと直結させる」点に元首相小泉純一郎と安倍晋三両氏の類似性を見てとる宇野重規は、それを現代政治にみられる「不思議な〈私〉と〈公〉の関係」として捉えている。その「法的・政治的過程を媒介とすることなしに、〈私〉と〈公〉をひたすら実感レベルでつなごうとする試み」（宇野二〇一〇）はしかし、いまや狭い意味での政治の世界に限定されるものではない。公の場面で「感動した！」といった私的感情を大げさに表現することが好意的に受け入れられるという現象は、もはやなんら違和感を与えなくなっている。それどころか、特定の論点のみを全面に押し出して声高に叫ぶスタイルへの共感（？）は、確実に広がっているようにさえみえる。

そしてこの「〈私〉と〈公〉をひたすら実感レベルでつなごうとする試み」は、政治的論点を語る（＝騙る）側のみならず、そうした政治的語り（＝騙り）を伝える側にも、顕著に観察される。メディアは、〈公〉の問題を〈私〉の実感レベルで理解しようという多くの人びとの性向に応えること、すなわち感情に直接訴えることこそが、読者獲得・視聴率向上競争に勝つために最も効果的であると言わんばかりの論調で賑わうのである。もちろん政治家が、特定の論点について自らの立ち位置を明確にすることは当然ではある。たとえば、法相による死刑制度批判しかり、普天間基地の移設は「最低でも県外」と言い切った前首相の姿勢は、政治家の発言としてその意味は明らかであり、何ら批判されるべきことではない。

メディアによる千葉法相に対する「変節」批判は、死刑廃止論者としてのそれまでの姿勢への「信頼」が裏切られたという筋書きが多かったように見受ける。鳩山由紀夫前首相に対する批判も同様に、「最低でも県外」とさも自信ありげに語っておきながら、結局は自民党案への回帰に終わったという、ある意味で「信頼」を裏切られたというのが、批判の中心であった。（両氏が引き出すことになった政治的結末の是非は措いておくとして）「信頼していたのに裏切られた」といった感情は、おそらく最も「私的」なものである。得てして「信頼」と「裏切り」の感情は、自分本位の一方的なものであることも多い。その証拠に、何気ない一言で簡単に誰かを「信頼」した気になったり、逆にたった一言で「裏切られた」という感情を抱いたりと、この関係性は、単なる刹那的なものにすぎないかのようだ。そのときどきの感情にすぎない「信頼」感も、裏切られたという思いも、本来は取り立てて公言すべきことではない、というか、できないはずだ。ところが、このような両極端の感情を喚起しうることどもを、ひたすら感情レベルでつなごうとする傾向は、公的な場で議論すべき政治にまで、直接的に左右する影響力をもつのである。そしてメディアの多くが、こうした私的感情を全面に出したストーリー仕立てで、公的な問題について報道する姿勢が目につきはしないか。

オバマ氏に「トラスト・ミー」と言ったのに、その政治的結末は大統領を「裏切った」といった論調も、そうした事例の一つだ。狭い私的サークルのなかでさえ、「信頼しろ」と直接言葉で言われるときほど警戒が必要なことぐらい誰しも知っているはずなのに、ましてや一国の国家元首が相手方の「信頼してくれ」などという言葉を無条件に信じることなどありえないことは、当然の前提なはずである。

［註：“Trust me.”という表現は、英語としてはかなりくだけた口語表現として用いられ、たいていの場合、発言者は、信用の置けない人物であるか、無能であることを自ら公言していると受け取られる場合が多いような言い回しだ。オバマ氏の望む方向にもっていくので心配しないでといった意味で受け取られた可能性はあると思われるが、そう言われたからといって、はたしてオバマ氏がそれを真に受けるとは思えない。］

しかし実際には、なぜかこの「信頼」と「裏切り」、あるいは騙し、脅し、好き嫌い、うっとうしい、ムカつく、といった私的な情動に基づく関係性で、あらゆる関係（私的な関係から政治的な関係まで）を捉えようとする欲望はきわめて強いものであるかに見える。

〈私〉と〈公〉をひたすら実感レベルでつなごうとすることが恥ずかしいものであると認識できるための必要条件は、次のようなものであろう。まず第一に、〈私〉を全面に押し出すことに対する「恥ずかしさ」を知っていなければならない。第二に、そもそも己自身が、得てして〈私〉を全面に押し出したい感情を隠し持っている恥ずかしい存在であることを十分に意識している必要がある。そして第三に、単なる一個人である〈私〉の感情が、恐れ多くも〈公〉を代表するものであるかのごとく臆面もなく振る舞うさまは醜いという感情を知っていなければならない。これらの条件を欠けば、おそらく〈私〉と〈公〉をひたすら実感レベルでつなごうとする他者の立ち居振る舞いに、恥ずかしさを感じることはないだろう。

　そして現に、こうした試みは、政治の世界だけではなくて、日常生活のあらゆる場面で観察されるようになってきているにとどまらず、他者のそうした振る舞いを見てもそれほど恥ずかしいと感じなくなってきているのではないか。むしろ、〈私〉としての感情をストレートに表現することのほうが、好感をもって迎えられることが多くなってきているようにみえるのだ。

　私的感情は、私的空間（たとえば個人的思いを支えるそのひと個人の精神空間）で消費されるものであるかぎり、人は趣味の良し悪しを論評することはできても、その是非を判断することはできない。すなわち、他人がとやかく言うべき問題ではない以上、その是非を判断する公的空間は必要ないのだ。一方、死刑廃止論者として認知されてきた政治家が突如死刑執行を命じることは、趣味の問題ではなくて、まさにその法的・政治的意味を、公的な空間で議論することが求められる問題なのである。

私たちは、そのような空間を、「社会」という言葉で表現してきた。仮に上述のような解釈が可能であるとすれば、社会の存在が意識されないとき、恥の感覚は起動されないといった仮説が成り立つように思える。ここでの「社会」とは、人びとの行動によって形成される種々の関係性の総体によって構成される空間であると考えておこう。おそらく、本来は恥ずかしい振る舞いだと受け取られていたことどもが現代では恥ずかしくなくなったとすれば、それはその恥ずかしさを共有していた社会と呼ばれる空間が消滅したから、ということになろうか。

恥の感覚を共有する社会とは、まずもって他者との出会いの「場」でなければならない。さまざまな思いをもつ他者との出会いをとおして、私たちはそのような「場」で、他者との距離感をはかりながら、他者を踏みつけることなきよう、自分の位置や役割を判断しながらなんとか生きていくのである。そのような他者との出会いのなかでこそ、当該社会で生きていくことの意味もつかめるであろうし、社会の存続に貢献する意味を理解し、社会を守ることを目的として生きることも可能になるのだ。

ところが、こうした社会のような空間が失われると、私たちはとても不安になる。「世間」のような得てして個を圧殺するような伝統的束縛から解放され自由になったはずの〈私〉は、個人として許されるあらゆる自由のもとで、他ではない私だけの〈私〉であることを享受する。と同時に、みんなが平等であるということを前提として生きていくことも求められる。ところが、すべての人びとが平等であるということは、自分は唯一特別な存在などではなくて、その他大勢のなかの一人にすぎない存在であることも意識せざるを得なくなる。そのように生きる目的や意味さえも自分で見つけ出さな

郵便はがき

料金受取人払郵便

本郷支店承認

3967

差出有効期間
平成25年3月
1日まで

113-8790

505

東京都文京区
本郷5丁目32番21号

みすず書房営業部
行

通信欄

（ご意見・ご感想などお寄せください．小社ウェブサイトでご紹介させていただく場合がございます．あらかじめご了承ください．）

読者カード

・このカードを返送された方には，新刊を案内した「出版ダイジェスト」(年4回 3月・6月・9月・12月刊) をご郵送さしあげます.

お求めいただいた書籍タイトル

ご購入書店は

・ご記入いただいた個人情報は，図書目録や新刊情報の送付など，正当な目的のためにのみ使用いたします.

(ふりがな) お名前　　　　様	〒
ご住所　　都・道・府・県　　市・区・郡	
電話　　(　　　)	
Eメール	

・「みすず書房図書目録」最新版をご希望の方にお送りいたします.

(送付を希望する／希望しない)

★ご希望の方は上の「ご住所」欄も必ず記入してください.

・新刊・イベントなどをご案内する「みすず書房ニュースレター」(Eメール配信・月2回) をご希望の方にお送りいたします.

(配信を希望する／希望しない)

★ご希望の方は上の「Eメール」欄も必ず記入してください.

・よろしければご関心のジャンルをお知らせください.

(哲学・思想／宗教／心理／社会科学／社会ノンフィクション／教育／歴史／文学／芸術／自然科学／医学)

(ありがとうございました. みすず書房ウェブサイト http://www.msz.co.jp では刊行書の詳細な書誌とともに，新刊，近刊，復刊，イベントなどさまざまなご案内を掲載しています. ご注文・問い合わせにもぜひご利用ください.)

ければならない状況のなかで、それまでは漠然としたものではあれ、「世間」や「社会」のような、自己を取り巻く空間のなかで規定されてきた目的や意味も失われていくとすれば、どこにそれを求めればよいのか、とても不安になるのは当然である。

「世間」が押しつける伝統的価値のようなものから自由であり、なおかつ「平等な存在としての個人がいかなるモラルをもつとき、諸個人からなる社会は、上からの強制なくして自律できるのでしょうか」と問う宇野は、「〈私〉時代のデモクラシーにおいて、人々が自分と他者を比較する上で、もっとも重要な意味をもってくるのは、リスペクトの配分でしょう」として、「おそらく、平等社会においてもっとも大切なのは、一人ひとりが、自分は「大切にされている」という実感をもてることでしょう。そして自分は大切にされているのだから、他者も大切にしなければならない、ひいては、その構成員が大切にされる空間としての社会を守っていかなければならない、そう思えることでしょう」と結んでいるが、同感である。

同時に、この「自分は大切にされているという実感」が失われてしまっている状況は、「社会」への信頼の喪失であると同時に、共有する恥感覚の喪失とも連動しているのではないか、と筆者は考える。人が大切にされていると実感できる社会を再構築するためには、恥の感情としての「廉恥心」を復権する必要があるのではないか、本書ではそのような議論を展開してみたい。

第一章では、「みっともなさ」の基準と同義になった羞恥心とは異なる「廉恥」の感情とはなにか、また一般的な罪の意識と恥の感覚との関係について考える。

第二章では、恥の感覚の物語的な構造について考察したうえで、諧調維持を最優先する日本社会における「日本的恥」と、「もののあわれ」に代表される「かなしい」という感情へのナルシシズム的逃避の問題点について考える。

第三章では、恥の感覚は、「話すこと」の恥ずかしさと同じ構造を有することが説明される。さらに「みっともなさ」の基準となった羞恥心の肥大化によるとみられる無差別殺傷事件について触れながら、乱調を嫌う姿勢が息苦しさを生んでいく状況と羞恥心の肥大化が関連づけられる。

第四章では、廉恥心復権のために考えるべき点として、徹底した個の闘いとしての「騙《だま》る」ことの意義、羞恥心の肥大化による「言葉」のもつ「瀆神」的潜勢力の衰退、単なる「勝手な期待」に成り下がった「信頼」観の変容について考える。

そして「おわりに」では、法や正義といった民主主義的理念に裏切られたあげく「暴力こそが唯一の答えなのだ」という思いに至り、国税庁の事務所が入るビルに飛行機で突っ込んだ男がサイトに残した表現に即して、本書の議論を再構成する。

第一章 〈恥ずかしさ〉のいま

「いまここに在ることの恥」

「恥ずかしさ」をあらわす表現として最も語られることの多いのは、「羞恥心《しゅうちしん》」である。現代日本語における羞恥心といえば、「みっともない」という感情を指す場合が多いと思われるが、そのような羞恥心を社会学的視点から扱っている最近の著作としては、菅原健介（二〇〇五）と中野明（二〇一〇）のものがある。菅原は、「なぜ若者たちは地べたに平気で座れるのか、なぜ電車の中で平気で化粧ができるのか、そんな疑問の分析を通して、恥の基準を変えつつある現代日本の社会構造に目を向けたい」と述べるように、社会的マジョリティによって支持される恥ずかしさの基準について考察する。「ジベタリアン現象――蔓延しつつある迷惑行動」という序章の副題にみられるように、社会的規範を逸脱することに対する批判的まなざしを通して恥ずかしさを問題にしている。

一方中野の著作は、性的行為を連想させるものとしての裸体に向けられる西欧的視線と、明治政府によって「弾圧されるはだか」観の広がりが、裸に対する羞恥心を植えつけていった、その歴史的背景を論じるものである。終章部分で、日本人外交官が友人宅で娘たちと一緒にサウナに入ることを勧められて耳を疑ったとのエピソードをひいて、ドイツ語文化圏では全裸の混浴が一般的だと書いた新聞記事（二〇〇七）を引用していることからも察せられるように、むしろ裸に対する羞恥心が押しつけられたものとして定着していった、そのプロセスを批判的に描いている。いわば、両者とも、隠したいものの代表としての裸や、隠しておきたい「みっともなさ」としての羞恥心について論じたものである。

［註：精神医学ないしは精神病理学的視点から羞恥心の問題を取り上げる著作としては、内沼（一九九七）と木村（二〇〇五）がある。内沼幸雄は、対人恐怖症という症状は、羞恥心が引き起こされる現象を病的に肥大化させたものとし、「赤面恐怖」→「表情恐怖」→「視線恐怖」へと症状が変遷する過程を「羞恥」→「恥辱」→「罪」という「倫理的推移」に重ねて、自らの視線のもつ攻撃性に基づく罪意識の生成を捉える。後述のアガンベンの議論を受け入れる木村敏は、「私的な〈私〉」と「公共的な〈私〉」の交錯のなかで羞恥の問題を捉える。とくに、「自我と世界の媒介者である自己」といった視点はアガンベンの議論とも直接結びつくものであり、彼の思想のキーワードである「あいだ」の分析と相まって、人間や社会の「関係性」を考えるうえでさまざまな着想を与えてくれる。ただ本書で取り上げる廉恥の感情の捉え方はこれら精神医学および精神病理学的議論とはやや異なる立場にあることから、筆者独自の観点から論を進めることになる。］

もっとも、恥ずかしさと言えば、まず第一に裸を見られることのそれを問題とすることは、決して「日本的」なものではない。そのような羞恥心を正面から取り上げるジャン＝クロード・ボローニュの『羞恥の歴史』は言うに及ばず、「自己を自己自身から隠すために、自己から逃げることの根底的な不可能性」を羞恥の問題として捉えるレヴィナスがその「逃走論」のなかで、「裸が恥ずかしいのは、裸がわれわれの存在、われわれの究極の内奥の明白性だからである」（レヴィナス 一九九九：一六五）と書いたように、恥ずかしさといえば、まず裸を見られることが連想されるのである。

しかし、本書で論じていく恥ずかしさは、裸を見られることに対する羞恥心ではなくて、いわば、「廉恥《れんち》」の感情としての恥ずかしさである。「心が清らかで、恥を知る心のあること」（『広辞苑』）という定義はそもそも「恥」の内実を示さないので、ここでは定義としては役に立たないが、「恥を知る」という表現にみられるように、「廉恥心」には、人間で在るための倫理的規範を逸脱しているのではないかという、ある種の負い目、ないしは慎み深さの感情といったものが含意される。

そうした恥の感覚に最も敏感な著者は、「自分自身への審問」（辺見二〇〇六a）を運命づけられたかのような著作を出し続けている辺見庸であると言ってよいだろう。「名状のむずかしい「いま」の罪と恥辱」（辺見二〇〇六b：四五）と言い、「私は自分の魂の芯に対して正直なのか」と自問し、「だれからも指弾されることのない、むしろ祝福されるかもしれない行為のうちにひそむ罪ならぬ罪。明証的ではない罪。これこそがむしろより深い恥辱ではないのか」と自答する。彼にとっては、その逃れがたい恥辱は、「自分という主体を隠して、同時になにかを無傷で裁定しようとする」態度への嫌悪の対象にもなる。

そしてその嫌悪感は、誰よりもまず、自分自身に対して向けられる。書いた原稿が新聞に大きく載り、本になればまた売れ、重版され賞までもらうが、なにか心は晴れない。

私は、人にはあまり話したことはありませんが、とてつもなく恥ずかしくなりました。だれに対して？

わかりません。たぶん、自分自身に対してでしょう。自分の内奥の眼に恥と罪が誘《そび》きだされ、暴かれたのでしょう。記者であることの恥辱。あるいは作家であることの恥辱。そして人間であるがゆえの恥辱。ただ見ることの罪と恥。これがそもそもなにに由来する罪と恥か、その深源を私はしばらく考えなければなりません。（辺見二〇〇六b：一三九―四〇、強調傍点菊池）

「憲法改悪にどこまでも反対する」というこの講演の最後は次のようになっている。

この国の全員が改憲賛成でも私は絶対に反対です。世の中のため、ではありません。よくいわれる平和のためでもありません。他者のためではありません。「のちの時代のひとびと」のためでも、よくよく考えれば、ありません。つまるところ、自分自身のためなのです。この国に生きる自分自身の、根底の恥のためです。いまここに在る恥のためです。恥辱はどのみち晴れるものではありません。でも、私はただいまにまつらい、逆らわずに生きることの恥の深みを考えながら、なにごとか書きつづけます。あとどのぐらい生きるかわかりませんが、いさぎよく死ぬよりも、不様に生きることのほうが私には収まりがいいだろうなという気がします。（同書一五四―五五）

誰からも指弾されることのなきよう、小市民としての平穏な暮らしを守ることに勤しむことの背後に澱む、その名状しがたいと同時に、己の生を肯定するかぎり逃れることもできない「恥」の感覚。「いまここに在ることの恥」と呼ばれるこの感覚こそ、いまや私たちの内面から消えかかっている「廉恥心」の別名である。

宗教者であることの恥

本田哲郎は、宗教者であることの恥を語っている。

クリスチャンの四代目として育ち、素直で穏やかな立派な子であるとの期待に応えようとする「よい子症候群」にかかっていたと自己分析する本田は、大学卒業と同時にカトリックの修道会であるフランシスコ会に入会する。修道会でもよい子症候群から抜け切れないまま、いつしか日本管区の責任者である管区長に選ばれる。「わたしの外づらのよさという、そのあたりはみんなが見抜いていると思っていた」と冗談をとばす彼は、「（管区長に選出されたとき）しょうじき、わたしが何を思ったか。これで日本のフランシスコ会は駄目になる。腐っていく、です。本気で思いました。こんないい加減な宗教家が日本の責任者になったのです」（本田二〇〇六：一九）と語る。

「わたしは幼児洗礼で、六十三年間クリスチャンをしていますが、自分に神の力がはたらいているという経験も、選ばれた自覚も、もったことはありません」と言い切る本田は、その後釜ヶ崎に移り住み、日雇い労働者に学びながら聖書を読み直し、「釜ヶ崎反失業連絡会」などの活動に取り組む。

本田による新たな聖書解釈は、日本聖書協会をはじめとするキリスト教理解への根源的批判にもつながっていく。己に神の力がはたらくという経験、すなわち福音の意味がまず問われる。彼は、イエス・キリストが、高貴なお方であるにもかかわらず、身を低くして貧しきものたちを哀れむことが尊いという解釈は誤りであることを指摘するとき、そこに現代のキリスト者の「へりくだりの差別性」（同書一二六ページ）を見てとる。もともとイエス・キリストは、誕生のときからずっと差別的扱いを受けてきたのであり、そのような「底辺の底辺に立つ者」としてのイエスを神は選ばれたと考える本田は、よく知られる「心の貧しい人々は幸いである」という訳が誤りであると解釈する。「心底貧しい人たちは、神からの力がある」とする本田の訳は、釜ヶ崎での体験から生まれたものだという。

はじめて毛布を差し入れるための夜回りをしたときの本田は、自分は宗教者だ、カトリックの神父だと身構え、そうはいっても怖さが先立つ身体はコチコチであったという。恐怖感が先立つ身体は、ちいさな声しかでなかったのであろう。「すみません…、毛布いりませんか…」。寝入っていた野宿の人は当然気がつかない。意を決して耳元で呼びかけたときの瞬間的な動きに身構えるや、なんと彼は笑っている。そして「兄ちゃん、すまんな、おおきに」と言ったその声に「それまでの緊張がすっかり溶けて、ふわぁという解放された気持ち」になったという（同書二六―七ページ）。

その後もこの解放された気分の意味について考え続ける。「宗教者のわたしが…あんなことでわたしが解放されたはずはない。たかが毛布一枚を渡すことしかできなかった。けれど、彼はそれを受け取ってくれた。それも「すまんな、おおきに」とねぎらいのことばまでかけてくれた。でもそれだけ…」で、神父としての経歴をもつ自分が解放されることなどありえないと考えたかった。

わたしはそれまで、当然、信仰を持ってるわたしが神さまの力を分けてあげるものだと思いこんでいた。教会でもそんなふうなことしか教えていなかった。だけど、ほんとうは、違うんじゃないだろうか。じっさい、わたしには分けてあげる力なんか、なかった。ほんとうは、あの人を通して神さまが私を解放してくれたのではないのか。そんな思いがわきあがったのです。（本田二〇〇六：二八）

本田はこのような体験を通して、「心の貧しい人々は幸いである」という従来の訳の誤りに気づく。新共同訳では、聖書学者も従来の訳の不十分さを認めて言い回しを変えることに同意していたという。しかし、結局は「耳になじんだ定着度の高い表現を変えるわけにはいかない」ということになり、訳文は従来のままとなったのだという（同書一〇一ページ）。

また、キリスト者として「清貧」の請願を立てる修道生活が一般の生活よりもすぐれているという錯覚を人びとに与えてきたのは、「神の子は、上から下にへりくだった方だ」という、「根本的な解釈ミスがすべてに影響を及ぼしている」（同書一四五ページ）とも指摘する。そうではなくて、むしろ一貫して低みから語るイエス像が正しいと考える本田は、「隣人を自分とおなじように大切にしなさい」というよく知られる教えも、「そうなんだ！　そのようにしてくれよ！」と、本当の意味で貧しいものたちの側からの声として受け取るべきだという。そして、イエスは高みから降りてへりくだった方なのではなく、むしろ貧困や差別と闘うことを実践する者であったとして、次のような聖書解釈を示す。

> 人類を救うために神が選んだ民、「他のどの民よりも貧弱であった」から選ばれた神の民（申命記七章7節）の歴史は、まさに緊張にみちた対立と対決の歴史、抗争の歴史でした。列強の国や民族による侵略、抑圧と搾取、異なる文化や宗教の押しつけに対する、対決と抵抗の歴史でした。
> しかも、この民の最大の「罪」は、貧弱な自分たちを侵略してくる強大な相手に妥協し、和解してしまおうと試みることであった、と聖書は告げています。（本田二〇〇六：一七三）

こうした釜ヶ崎での経験は、諧調を維持することに最大の価値を認める現代日本の〈私〉たちへの批判へとつながる。本田哲郎の「〈良識的判断〉の三つの誤り」がはっきり捉えているのは、私たちの諧調維持を優先するその卑劣さである。対立からくる緊張を悪とし、そのことを正当化するためにいついかなるときも「和解」こそが絶対的であると信じ込み、であるがゆえに「中立」の立場をとることが美しいと無条件に思い込むこと。そのもっとも簡単な方法は、己の信念に反しても決して異を唱えず、何も言わないことであり、結果としていつまでも調和は保たれるのである。

本田によれば、イエスこそ、そのような生き方を最も嫌った人間であったようだ。イエス・キリストにとっては、「自分に死んで、神の復活の命によって生きる」ことが洗礼なのだ」（同書 七四ページ）という。「どんな人でも人生を生きていく中で、自分を死なせなければならない場面に出くわして、そして、そこから立ち上がってくわけです」（同書 九二ページ）と敷衍する本田は、「十字架によって自分に死んで、復活のいのちによって立ち上がること、それがイエスにとっての真の洗礼なのです」（同書 九一ページ）と言う。

「自分に死んで」という本田の表現が不自然なものにみえるのは、「自分」と「死ぬ」を繋ぐ論理的結合を示す助詞「に」が、日常的に慣れ親しんだ用法ではないからだろう。「自分で死ぬ」「自分から死ぬ」「自分は死ぬ」「自分が死ぬ」といった表現には違和感がないのに、「自分に死ぬ」というのはいかにもわかりにくい。ファリサイ派の指導者たちに向かって、「お前らは、白く塗った墓だ！ 偽善者よ」と言うイエスは、「呪われた犯罪者として十字架の上で殺されてゆく」とき、「糾弾することによって、その最後の最後まで、キリストはファリサイ派の人たちの回心を願っていたのです」（同書一三二ページ）と、本田は考える。

「十字架によって自分に死んで」というのは、十字架の上で死んでいくことの苦しみをのがれるためとして、自らの信ずる生き方を放棄することなく、殺されることによって批判者をも回心させる力を生ぜしめること、と考えてもよいかもしれない。「自分を死なせなければならない場面」というのは、文字通りに自殺によって命を終わらせるというよりも、己の行いや、自らがそれまで信じ込んでいたことが間違いであったと気がついたとき、それまでに築いてきた己の社会的評価が一瞬にして失われることがあったとしても、それまでの「生」を終わらせることを意味すると解釈すれば、「自分に（恥じることなく）死んで」と読み解くことが許されるのではないだろうか。

［註：「自分に死ね、そのとき解放される」という表現は、本田（二〇〇一）の「マタイによる福音書」（16・24-28）の解釈において用いられている。新共同訳では「イエス、死と復活を予告する」となっている部分だ。本田訳では、「捨て身でイエスについて行け。そのとき、解放される」（マルコ福音書8・34-38）、「捨て身でイエスについて行け」（ルカ9・23-27）となっていること。また「わたしとわたしが引き起こすできごとを恥じる者は、人の子も、父と聖なる使いたちの輝きを帯びてくるとき、その者を恥じる。はっきり言っておくが、人の子の仲間になっている人たちの中にも、神の国を目前にするまで、けっして死を味わおうとしない人たちがいる」（ルカ9・26-27）」という部分にみられるように、それまでの自分を捨てて、いわば捨て身でイエスについていく覚悟を決めることが、「自分に死んで」という表現には込められているようだ。］

本田哲郎が引用するコリントの人びとへの第一の手紙の中で、パウロは実際に次のように語っていることからも、こうした解釈が可能であるようにみえる。

仲間のみなさん、呼びかけに応えた自分のことを考えてみてください。あなたたちの多くは世間でいうところの知恵者でもなく有力者でもなく、家柄のよい者でもありません。神は世の愚かな者を選んで知恵者を恥じ入らせ、世のひ弱な者を選んで腕力のある者を恥じ入らせました。また神は世の身分卑しい者や軽んじられている者、つまり無に等しいとされている者を選んで、地位ある者に面目を失わせたのです（本田二〇〇六：五五）。

同様に、「復活のいのちによって立ち上がる」というのも、生命体として生き返ることを意味するわけではない。実際に、復活後のイエス（の教えを体現する者）は、ヨハネ福音書に出てくるマグダラのマリアでさえ、墓守の姿をしている目の前の人物がイエスであるとは気がつかなかったのであるし、ルカ福音書でも、二人の弟子は偶然出会った一人の旅の男がイエスであることにすぐには気がつかない。ガラリア湖で漁師として暮らしていた弟子たちは、岸辺を歩いていたみすぼらしい男がイエスであることに気がつかないのである。

しかし、いずれの場合ものちに、「貧しく小さくされた者」の姿で目の前に現れた人物が、実はイエスではなかったかと気がつくのであるが、その人物が、実際に命が蘇った本物のイエスであるかどうかということよりも、そうした姿で現れる人物が、イエスの伝えんとする福音の体現者であると認識されることが重要なのだ、と考えてよいのではないだろうか。貧しく小さくされた者として現前に現れることによって、世評では知恵者とされ、身分が高いとされている人間を恥じ入らせること、それが「復活のいのちによって立ち上がる」ことの意味として解釈できるのではないか。それがいわゆる「洗礼」というものであるとするならば、本田の言うように、洗礼をうける者の宗派を問うものでもないし、いわゆる無宗教、無神論者であっても経験しうるものとして現れることになるわけだ。さらに言えば、そのような「洗礼」の契機となるものは、日常生活のなかでも、常に見出しうるのではないだろうか。

本田哲郎が語る宗教者としての恥は、当然私たちの恥でもある。善人ぶってめでたく生きることの恥ずかしさを忘れることは許されないが、それでも人は生きて語り続けなければならない存在なのだろう。「いまここに在ることの恥」に耐えながらも生きていかなければならない存在、人間とはそういうものであることに気づかされる。

「罪」と「恥」

自分の過去の行為を「罪」として意識するとき、「恥」は罪の意識そのものと重なるように見える。アウシュヴィッツを生き延びたことの「恥」の感覚とその罪の意識については、プリーモ・レーヴィの『溺れるものと救われるもの』が、その最も深い分析を加えた著作として知られている。また己の恥ずかしさの理由としての、「自分の内奥の眼に恥と罪が誘《そび》きだされ、暴かれたのでしょう」という辺見庸の表現も、恥と罪はどこかでつながっていることを示唆している。あるいは、私たちが耳にする元兵士の語りや、戦時中に自分だけが生き残ったことに対する一般人の語る経験にも、それは見られる。戦友がみんな死んでも自分だけが生き残ってしまったこと、一緒にいた家族や知人のなかで自分だけが生き残ってしまったという集団自決の経験、原爆が落とされて友人も家族も殺されてしまったのに自分だけが生き残ったこと、などに対する罪の意識をめぐる物語は多い。

下嶋哲朗が語る、サイパンで集団自決を経験した鈴木洋邦さんの物語もその一つだ。空襲があって家族は近くのガマに避難する。二家族一三人は、リーダー格である鈴木さんの義兄と行動を共にする。集団自決は乳幼児から始まったという。全員の死を独断決行する義兄が何をしているのかは、当時一三歳だった鈴木さんもとっさに理解する。出刃をふるいつつ近づいてくる義兄を認識するも、「それでも怖いとか逃げようとかの気持ちがまったく生じなかったのは、当然自然のことのように、死して虜囚の辱めを受けず、死なねばならぬ、との決意が準備されていたからだ」(下嶋二〇一〇：三一六)という。同時に、「生き残れば少国民の義務が果たせない」とも恐れて、思い切り舌をかんだそうだ。米軍に発見されてタンカで運ばれる途中意識を取り戻した鈴木さんが運ばれたのは、捕虜収容所の医務室だった。

「ナンデ　カエッテ　キタカ」。集団自決を生きぬいた姉と妹と三人がのちにたどり着いた山形で叔父が言い放った言葉だそうである。「それには意味が二つあった。一つは、お前たちに食わす米はない。もう一つは、家族は立派に御報国、自決した。なのによくもおめおめ生き恥を…」(同三一一ページ)。

そう思う鈴木さんは、それでも家族や自分に出刃を向けた義兄にまったく恨みはないという。

それには、次のような伏線があった。捕虜収容所で傷が癒えた鈴木さんは、好奇心から他のテントをのぞきに行って、多数の日本兵の捕虜を目にして驚く。しかし、「生きて虜囚の辱めを受けるな」との教えに忠実であれば起こり得ないはずの光景を目にするという、「怒りをも凌駕する衝撃的な出会い」を経験する。思いもかけずそこで目にした男に、鈴木さんは「ズッ、と声を落とし無念をかみしめるように、「北先生です」といった」。鈴木さんは回想する。

その先生、捕虜になってね、無傷でね、生き残っとったの。で、先生！　とよんだらプイと、顔を逸らせた。そのとき、嘘でもいいからなにか一言いってくれればよかった。だからねえ、悔しい、というか何と言っていいのか。鬼畜につかまったら、鼻切られたり、耳そがれたり、逆さにされて身を引き裂かれる、女は強姦されて…。だから死して虜囚の辱めを受けるな、死なねばならぬ――先生は三年生から六年生までずっと、そんなことを教えたんです。先生は偉い人ですから、わしら子どもは信じました。そんな教育したんだからねえ、何かお話があっていい。両手を挙げれば殺されないと、せめてこれくらいを教えてくれていたら、家族は死なずにすんだんですから。（下嶋 二〇一〇：三一九―二〇）

「沖縄で自決を軍人が命令したとかしなかったとか…、わしらは命じられれば自決する教育を受け取ったんです。だから自決したんです」という鈴木さんの言葉を受けて下嶋は、「だから自決した、――「世界に例を見ない、日本人特有の死の形」、集団自決は論理的帰結にほかならなかった」と書く。そして同じように軍国主義教育の実践者であり、敗戦直後の沖縄の初代知事であり琉球大学初代学長も勤めた志喜屋孝信のエピソードを紹介している。

敗戦後のある日、沖縄地上戦を生き残った教え子が「志喜屋先生」にばったり再会したときのこと、「きみらには、すまなかった」と、「開口一番、自らの過ちを道のど真ん中で詫びた」という。下嶋は、「学友が多く戦死したというように俺は生き残った、とのいわれなき罪悪感に苦しむとき、ばったり出会った志喜屋がもし北先生のごとく眼を逸らせば、その生徒は自分の生を恥じ、人生を否定すらしかねなかった」（同書三三〇―三二）と結んでいる。

自決を叩き込まれた教育を信じ込んでいたがゆえに、生き残ったことに対する罪悪感さえ抱くにいたった少年に、その教えを説いた当の「北先生」が、少年の呼びかけに目を逸らすさまは、後に自らの罪悪感のもとは、戦中教育の洗脳であったことを理解することにつながったのだろう。だから、親族を出刃包丁で全員殺そうとした義兄に恨みは感じないのだ。目を逸らさずに、たとえ本心ではなくとも、嘘でもいいから、「スマナカッタ」とでも言ってくれれば、義兄と同様に、先生も犠牲者だったのだと考えることもできたであろうに。

北先生のプイと顔を逸らす振る舞いはどのように解釈すべきか。「顔を逸らす」行為は、信義に反することをやった恥ずかしき我が身を見られたくない、見られなかったことにすれば自らが恥ずかしさを感じる必要もない、という身勝手な行為であるのは言をまたない。しかし、このような感性しかもち合わせていないとすれば、己の不正行為によって不利益を与えた側からの直接的視線がなければ、「疚《やま》しさ」は感じても、「恥ずかしさ」は起動されないのではないか。疚しさの感情は、罪の意識（不正行為を働いたという己自身の自意識）があれば起動されるが、「恥ずかしさ」の感情は、罪の意識だけではなくて、批判者（告発者）の「直接的視線」にさらされること（＝生徒との間にあった物語的関係を突きつけられること）がなければ起動しないのではないか。

教え子の直接的視線を、顔を背けることなく「引き受ける」とき、己にとっては、許しを請う姿勢ではあっても、恥ずかしさの感情は起動されないのではあるまいか。また教え子にとっても、その教師の態度は、すぐには許しがたいものではあっても、「恥を知れ」という感情の対象とはならないのではないだろうか。一方、道のど真ん中で詫びた「志喜屋先生」と元教え子との間には、己の過ちを認めるその姿に、志喜屋先生との間に過去に結ばれてきた、教え子との間の継続的な「物語的」関係を保ち続けようという意志を確認できるのではないか。志喜屋先生が、教え子の視線を自らの内面に照らし続けてきたことが、北先生との違いとして現れたのだろう。

しかし、「北先生」のような人間が、顔を背けることによってそれまでの関係を断ち切ろうとするのは、元教え子だけではないのではないか。軍国主義教育を支えた一連のシステムもその一つ。だがそうしたシステムは、自分も含まれる、固有名をもった実在する人物が支えたという事実が、その被害者によって知られてしまったとき、それまでに教師と教え子との間に築かれた、両者の「信」に基づく関係性は、実は偽物であったことが暴露されるのだ。国家の権威を盾に不実な行為を行ってきた者がとる態度は二つ。率直に詫びるか、顔を背けるか。後者の態度は、最後まで個人としての責任を逃れようとするものであり、自らも強力なシステムの犠牲者なのだという、精神的葛藤へと逃げ込むことを可能ならしめる卑しき行為である。しかし、集団自決が、「世界に例を見ない、日本人特有の死の形」であるとするなら、日本人は、己の行為の責任を個人として受け止めることのできない集団なのだ、ということにもなってしまいかねない。

率直に詫びるという、前者の立場はどうか。少なくとも、己の行為の責任は己に在るということを意思表示している点で、卑劣さの度合いは減ずるかもしれない。また前者の態度の背景には、己の行為が人間として恥ずべきものだったという感情があると言えよう。「自分は、自己の拠って立つ立場を表明すること（自らの拠って立つ「場」の規範を決めるのは己自身であることを表明すること＝話すこと）を受け入れてきた。なぜなら、自己の責任において他者との信頼関係を築くことが、共同体で生きることを意味すると信じてきたから。しかし、自らの語りは、誤りであった。なぜなら、自決を勧めない語りという選択もあったのに、自決こそが正しいと語ることを選んだのは、私個人である。だから私は、過ちを認めざるをえない」という立場は、人として生きていくために、どのように受け取られようが、「話すこと」はやめようがない（己の過ちについて語り続けなければならない）という前提に基づいている。己の恥を率直に認めるためにも、人は語らなければならないこと、また己の語りが過つ場合もあること、にもかかわらず、話すことをやめられないことを認めたうえで、だからこそ、システムの傘の下で己の責任を問うことなく語る（＝騙る）ことに対する恥の感覚が必要なのである［註：この「語ること」の恥ずかしさについては第三章で詳しく触れる］。

いかにシステムに要求されたものであったとしても、己の語ったことの責任を認めることなしには、そもそも罪の意識は生じないであろうし、ましてや、顔を背けることによって告発の視線を逃れようとすることが恥ずかしいという感情も生まれ得ないのではなかろうか。己の語った言葉の責任を引き受けることなしに感じとる「罪なる意識」は、容易にナルシシズム的な精神的葛藤へと逃げ込むことを妨げない。一方自分の言葉の責任を正面から引き受けるときは、責任を逃れることの恥ずかしさは感じないであろう。なぜなら、自分の言葉が自分のものであるかぎり、自ら引き受けることができると信じているからである。しかし、自決を説いた言葉は、己のものではなくて、システムが強要したものだという意識が入り込んでくると、己の言葉であっても、おそらく引き受けることができないかろうか。

（＝顔を逸らす）であろう。米軍に保護されてテントの中で生き延びている事実を教え子に発見されたとき、まさに、「引き受けることができないもののもとに引き渡されかけた」わけだ。そのときに顔を逸らすのは、その責任を逃れたいという「疚しさ」の感情が、恥の感情を上回っていたからではなかろうか。

一方、自決することが正しいのに生き延びてしまったことが恥ずかしいという感情はどうだろうか。この場合の恥ずかしさは、「恥」というよりも、むしろ「罪悪感」なのだ。これは、「恥」概念とは区別すべきものであろう。すなわち、罪悪感とは、「場」の（自分も含む）構成員みなが共有する規範を侵害しているとの自覚から生まれる感覚であると言えまいか。その規範を自らも受け入れており、その規範を逸脱する行為に手を染めているという意識があるからこそ、罪悪感を抱くのである。

だから、そうした意識を生み出す規範そのものが、実は受け入れるべきものではなかったのだということが分かったとき、人は罪悪感を解消できるのではないか。ただし、その場合も、取られる態度は二通りに分かれるだろう。すなわち、いかに自己の選択の余地がまったくなかったに見えようとも、少なくとも規範を受け入れたのは最終的には自分なのだという意識を抱き続ける立場と、システムの暴力性ゆえに従わざるを得なかっただけで己に責任はないとする立場である。戦争といった極限的状況においては、後者の立場をとることもやむを得ないかもしれない。

しかし親族を手に掛けた義兄に恨みを感じない立場は、おそらく前者からしか生まれないのではないだろうか。たまたま生き残ったとしても、自害せずにさらに生き続けることを選んだのは己であるという、己の「責任」を意識しているかぎり、自らの罪悪感に悩まされているのであり、むしろ義兄に対しては「共感」さえ感じているのではないだろうか。義兄を許したのかと問われて、「許すもなにも、恨んだことはないですよ」と答える態度は、すべてはシステムのせいであるとする立場からこそ「許す」という発想が生まれるかのような状況に対する痛烈な批判となっているのだ。換言すれば、システムに全面的に服従することを（自ら進んで受け入れているという意識を押し殺しながら）選んでいるがゆえに、いわばシステムから生み出される権力と一体化することによって己の「全能性」のようなものを信じ込んでいるがゆえに、上位の者として下位の者を「許す」という発想が生まれるのではないだろうか。

己の責任を意識し、慎み深さをもち続ける者にとっては、そもそも、（神かもしれないし超越的存在かもしれない）何ものかに「許され（＝赦され）ている」という意識を抱くことはあっても、おそらく「許す」という発想は生まれないのかもしれない。誰かを許す／許されるという関係性が生まれるのは、許す側が被害者であること（すなわち倫理的領域において「上位」にあること）が明らかである場合だろう。己の立場が上位にあるのは、単にシステム維持員（官僚、政治家など）として選ばれた人間であるからなどというのは、はなはだ傲慢な考え方でしかないのだ。

一般的な「罪」の意識なるものは、皆が共有しかつ己自身も受け入れている「場」の規範を侵害しているという自覚から生まれる罪悪感であり、それは「恥」そのものとは異なるものである。ここではまずこのことを確認しておこう。

〈宿罪〉と一般的「罪」

罪の意識と恥の感覚が別種のものであると考えていくうえで、ここで二つの罪についてふれておきたい。本稿での一般的「罪」の意識とは、自分が所属する「場」の規範を破ったことに対する罪悪感を指すものとする。たとえば、死して虜囚の辱めを受けずという規範を破っているがゆえに生き残っていると考えれば、罪悪感に苛まれることになるのだ。原爆が投下された直後の修羅場をさ迷うことができた自分は、どこかで苦しんでいたかもしれない友人や家族を見捨てたことになるという罪悪感も、それまでの物語的関係を共有する仲間を見捨てることは許されないという規範に背いたという意識から生まれてくるのだろう（こうした意味での罪悪感が、私たちが享受する平和な日本をつくるのに貢献した兵士たちをあまりにも軽視する政治に対する嫌悪感へと発展していくとき、自らの戦争責任を認め関係国に謝罪すること自体を敵視する感情が生まれてくると言えるのかもしれない）。

しかし、自らが破ったと認識している規範そのものが誤ったものであったことがわかれば、こうした罪悪感は完全に無くなることはないかもしれないが（完全に無くなるまでには、人の死をどのように捉えるかといった、より複雑なプロセスを経なければならないだろうから）、かなり和らぐのではないだろうか。一方、そうした規範の徹底を実践してきた指導者たちの側の罪悪感は、様相を異にするのではないか。それまでの己の実践が誤りであったことを認めて謝罪し、なおかつその罪悪感を一生引きずっていくのを選ぶのか、それとも己の行為が過ったものであったかもしれないが、それはシステムに強要されたまでのことで、疚しくはあっても、むしろ自らも被害者であったとして、己の心理的葛藤のなかに逃げ込んでいくのか、はたまた己の過ちを認めたくないがゆえに、己の過去を知る者との関係性を断ち切ろうとするのか、いくつかの類型が存在するようだ（ここでは自殺は除く。自殺は、責任を引き受けることから実行されるものに限られず、より複雑な事情に左右される性質のものであり、また加害者の自殺を受け取る被害者の感情も一様ではないのだから）。

最も醜いのは、己の過去を告発する視線を遮ることで己の罪を忘れてしまおうとすることである。顔を背ける身振りはその典型である。システムへの責任転嫁は、一見それほど卑劣ではないかにみえるが、結果として己の責任を忘れてしまいたいという願望に裏打ちされたものであるのだから、やはり醜い。結局、己の過去の行為の責任を引き受ける態度は、罪悪感を一生引きずって生きていくことでしか示すことができないのではないか。「志喜屋先生」はその道を選んだことになるわけだ。

ところで、一般的に「犯罪」と呼ばれる罪は、法によって裁かれうる罪を指す。いわば、一種の「契約的」意思によって判断されるものであり、罪を犯した側は、その罪のなんたるかを意識しているかぎり、法の裁きに従うことも拒まない。一方、「志喜屋先生」の選んだ道は、そのような意味での罪を認める態度から生まれたものではないだろう。実際に、当時軍隊の中枢にいた人間で、そのような意味での裁きを逃れ、戦後も高い社会的地位を享受してきた者たちもいるのだから。

「志喜屋先生」の場合は、別の意味での「罪」の意識によると考えられる。顔を背けるという身振りが、関係性を断ち切りたいという強い欲望の現れだと解釈できるのは、その反対に道の真ん中で謝罪する身振りに、元教え子との間に築かれてきたある種の関係性を維持したいという強い思いを見ることができるからでもある。それは「物語的」関係性と言ってもよいだろう。

こうした「物語的」な関係性のなかで感知される「罪」は、法的な裁きを受けるだけでは償いきれない、いわば道義的な償いを求められる性質をもつ。同時に、それは本人だけの問題でとどまるものではなくて、世代を超えて引き継がれる類のものでもある。犯罪が本人の意思によるものであるのだから、それは本人のみの問題だとする、「契約的」関係の枠内で処理できるものではないということだ。

そもそも、同じことがらに対して罪悪感や恥の感覚を起動できる者とできない者の差はどこからくるのだろうか。「志喜屋先生」と「北先生」の違いはどこからくるのだろうか。片方にあって、片方にないものはなんなのか。それは、別の種類の罪の感情、すなわち〈宿罪〉とでも呼べる観念に対する感情ではないかと筆者は考える。

「志喜屋先生」は、それまでの関係性を保ちたいという意思を貫こうとする。運命論や自己愛的な心理的葛藤への逃避を拒否する姿勢だ。知事になること、大学の学長になることに対しての批判があることも承知の上で、あえて生き続けることを選択したのは、そもそも人が生まれて生きることそのものに対する、生まれながらにして負わされている「罪」の意識のようなものが背景にあったのではないだろうか。宗教学の領域では「原罪」と呼ばれる種類のものを想定すればよい。人は過つ存在である、人は善や真なるものから離れたところにいる存在である、といった考え方に基づくものだ。

すなわち、人は常に他の命の犠牲のうえに生かされているという、生まれながらにして引き受けなければならない宿命的な罪を負っているのである。そうであることを知っている人間は、慎み深くあることの意味を知っているのだ。この慎み深さは、どこからくるのかというと、他者との間に築かれた物語的な関係性からである。もちろん顔を背けることは論外であるが、関係性を保ち続けるためには自殺さえも許されないだろう。つまり、人は生まれながらにして、そのような関係性のなかで生きていかなければならない宿命にあるのであり、それを断ち切ろうというのは、とても傲慢な生き方なのだ。だが得てして現実社会においては、法に従うかぎりにおいて他者を踏みつけていくことが問題とならないのも事実である。であればこそ、そのような振る舞いに対するある種の「負い目」の意識があれば、人は慎み深くあろうとするのではないか。筆者は、こうした、宿命的なものとしての罪を、〈宿罪〉と呼んでみたい。

［註：「〈宿罪〉は、宗教学の用語でもあり、仏教では宿世《すくせ》の罪障、過去の罪過を意味し、原罪の意味ももつとされている。現代日本語では、「原罪」は旧約聖書との連想が強くはたらくものであることから避けたいという思惑もある。また「原罪」は、この表現を使う者によってさまざまな意味をあてがわれており、その捉え方も一様ではない。たとえば、「見るなの禁止」のような「原初の幻滅体験から生じ、長きにわたって強固に隔離され、〈この国〉の精神文化の表舞台から排除されてきた〈影〉としての〈罪〉を私たちは〈原罪〉と呼ぶのである」（橋本 二〇〇九：一二五）といったように。」］

このように考えると、〈宿罪〉の意識をもって他者とのあいだに時間を経て築き上げられた物語的関係性を保ち続けることは、「語ること」を止めることができないこととつながっていることがわかる。すなわち、「話す存在」であることを止めるわけにはいかないのである。この問題は第三章でくわしく触れることになるが、〈宿罪〉に対する負い目があれば、社会的権威や地位で他者を強制的に黙らせることに対する慎み深さを失うことはないはずだ。「志喜屋先生」にはあって「北先生」に欠けていたものは、こうした〈宿罪〉に対する負い目の感情と、そこから生まれる慎み深さだったのではないだろうか。そうした慎み深さの感情がなければ、恥の感情が湧き出てくることもないと、筆者は考える。

〈宿罪〉とは、人は常に他の命の犠牲のうえに生かされているという、生まれながらにして引き受けなければならない宿命的な罪である。自らが属する「場（＝共同体）」の規範を侵害しているとの自意識から出てくる罪悪感とは異なり、〈宿罪〉は、共同体の規範の侵害とは無関係なものとして、すなわち、どのような「場」に属していようがいまいが、「人間」として背負わなければならない宿命としての罪意識によるものと言える。しかも、その〈宿罪〉がすでに赦されているという状況のもとでしか、人間は生きることが不可能であるという事実が、「負い目」として感受されることによって、「慎み深く」在ることを常に促す「廉恥心」が宿るのではないだろうか。

第二章　恥感覚の起動原理

人格の物語的構造

前章では、一般的な罪の意識は契約的なものであり、〈宿罪〉に対する負い目の意識は物語的であると考えたが、この点についてもう少し見ておこう。たとえば、人間は過去との連続性のなかではじめて自己意識をつむぐことができるというこの物語的な立場を、共同体主義論者であるアラスデア・マッキンタイアは次のように表現する。

［〈自分で選んだこと以外のことには責任はないとする〉個人主義者の見解と］自己についての物語的見解との対照は明らかである。というのは、私の人生の物語は常に、私の同一性《アイデンティティ》の源である諸共同体《コミュニティ》の物語の中に埋め込まれているからである。私は過去を伴って生まれたのだ。とすれば、個人主義者の流儀でもって私自身をその過去から切り離そうとすることは、私の現在の諸関係を不具にすることである。歴史的同一性を所有することは、とりもなおさず社会的同一性を所有することに合致するからだ。（マッキンタイア　一九九三：二七一）

ジョン・ロールズの『正義論』批判で知られ、コミュニタリアニズム（共同体主義）理論を支持するコミュニタリアン（共同体主義者――本人自身はそう呼ばれることに違和感があるという）とされるマイケル・サンデルは、ロールズとの立場の違いを、個人の負っている責任の捉え方におく。ロールズは、人間は共同体の束縛から自由であり、個人が負うべき責任は当人が自分で選んだ範囲内に限られると考える。これに対してサンデルは、たとえば黒人奴隷制の償いの責任を現代のアメリカ人は逃れられるか、あるいは、現代に生きるドイツ人はユダヤ人虐殺に対する責任は一切ないと言い切れるかといった問題に対処するときの困難さから、個人は、自分の家族、その前の世代、はたまたその帰属集団や民族などの、さまざまな共同体から多くの責任を負っていると考える必要があると主張する。そのためには、自分を、「みずから選んだのではない道徳的絆に縛られ、道徳的行為者としてのアイデンティティを形づくる物語にかかわりを持つ自己」（サンデル 二〇一〇：三〇四）として位置づける努力を要するというわけだ。

過去との連続性のなかに世代を超えた関係性が意識されるわけであるが、それは自己意識にかかっているという意味でも、必然的に過去からの「物語」を必要とするのだろう。

［註：ここで、歴史は歴史として描かれるとき「物語化」は避けられないと主張して英米の歴史学会に衝撃を与えた、ヘイドン・ホワイト（Hayden White）の『メタヒストリー』（*Metahistory: The Historical Imagination in Nineteenth-Century Europe*, Johns Hopkins University Press, 1973）を思い出しておくのもよい。いわゆる「言語論的転回」などとして知られるこの考え方は、歴史は、歴史家がつむぐ言葉にその政治的意味や解釈が規定されるような相対的なものにすぎないという捉え方でもある。そうした意味では、誰がどのような、たとえば修正主義的

な歴史を書く行為そのものは許されるといった立場も正当化されることにつながる可能性があるのも事実ではあるが。」

大きな歴史ではなくて、私たち自身の身の回りの小さな歴史、必ずしも文字化されることのない歴史（＝物語）が、私たちのなかでどのように形成されるのかを思いめぐらしてみれば、物語的という概念はまったく難解なものではない。実際に出会う身近な他者との間につくられている関係をめぐっては、単なる好き嫌いの感情で彩られる物語になるかもしれないし、敵か味方か、はたまた愛の対象なのか嫌悪の対象となるのか、ありとあらゆる物語が可能となるだろう。相手が抹殺すべき憎悪の対象として描かれる物語が世代を超えて継承されていくことは、例を挙げるまでもないだろう。いずれにせよ、そのような物語的自己という考え方を前提として、サンデルは、誇りと恥を次のように規定する。

誇りと恥は、共有するアイデンティティを前提とした道徳的感情だ。（サンデル 二〇一〇：三〇三）

前章でふれた、自決の教えを守ることを「誇り」とすると、その教えに背くことが「恥」となってしまうのは、己自身同様、コミュニティ構成員もその教えの価値を信じている同胞なのだという確信が前提となっているからであろう。またサンデルが例としてあげるように、外国人に対してならば単に「みっともない」ことに過ぎないのに対して、同じアメリカ人旅行客の無作法な振る舞いに恥ずかしい思いを抱くのも、「家族や同胞の行動に誇りや恥を感じる能力は、集団の責任を感じる能力と関係がある」からであり、同胞ならば同じアイデンティティを共有していることが前提となっているからであろう。だから、アメリカ人にとってベトナム戦争は「恥」であるのに対して、外国人にとっては「不正」に見えるという。

ところで、相手が同じアイデンティティを共有していないことが明らかとなったときはどうなるか。一つは、仲間ではないとして排除すること。二つ目は、同じアイデンティティを共有してはいないが、排除はせずに、別のアイデンティティを持った人格として受け入れ尊重すること、と言えるかもしれない。

しかし現実には、前者のように排除に向かう傾向が強いのではないか。それでも外国人のように、同胞ではないことが明らかであるとき、ある程度容易に後者の立場を取ることができるのはなぜだろうか。あたかも、ベトナム戦争は不正であるとする立場のように、アイデンティティを共有していないほうが、むしろ容易であるように見えるのだ。もちろんこれは一般論にすぎないが、むしろ誇りや恥が介在しないほうが、容易に「不正」が見えやすくなるかのようではないか。誇りや恥を介在させずに、「不正」を批判する立場が可能となる場合とは、どのような場合なのかを探る必要があるということになろうか。仮にそうだとすると、他者とはそもそも、異なるアイデンティティに基づく存在であるとの認識を前提として共有しておかなければなるまい。

だが実際には、それはきわめて困難なのだ。それが可能となるためには、共同体のすべての構成員が、「自律した個人」でなければならないからだ。むしろそれが現実的ではないからこそ、それぞれが異なるアイデンティティを有する存在であることを常に意識し、「不正」を批判する姿勢を、ある意味で目標として保ち続けることで、共同体の道徳規範の強制という、共同体主義の負の力に対抗できると考えるべきかもしれない。「慎み深さ」ないしは「負い目」の意識なくして、他者は異なるアイデンティティを有する存在であるとの認識を持ち続けることはできないと考えられる。

いずれにせよ、〈宿罪〉に対する「負い目」の意識が「慎み深さ」としてあらわれ、その「慎み深さ」が内面では恥の感覚として意識されるのであるが、「契約的」である一般的な「罪」の意識とは異なり、〈宿罪〉は他者との間に時間を経て築き上げられる「物語的」関係性がなければ、意識にのぼりようがないのである。その「慎み深さ」を基盤とする恥ずかしさが、廉恥の感情なのである。

乱調を罪とする日本的「恥」

ここで、日本的な「恥」の特徴といったものがあるのかどうかを見ておきたい。日本で恥をめぐるさまざまな論考が書かれる契機となったのは、ルース・ベネディクトの『菊と刀』であると言ってもそう誤ってはいないと思うが、いわゆる「日本文化論」の一つの領域を形成すると考えてもよいかもしれない。よく知られるように、西洋文化を「罪の文化」であるとする一方で、日本文化は「恥の文化」であると規定したことに対する反論としての「恥」論は多い〔註：最近のものでは長野（二〇〇九）はその一つである〕。

ここでは、日本的な「恥」というものはあるとした向坂（一九八二）を参照してみたい。向坂寛《さきさかゆたか》の論考を取り上げる理由は、そもそも彼が恥ずかしさについて考える契機となった個人的体験が、本書の「恥ずかしさ」とつながっているからである。大学紛争からほどない一九七三年のこと。向坂が勤める大学で、ある学生が処分されたのがことの発端であった。全共闘系の学生たちが、すでに一般学生からそっぽを向かれつつあったなかで、不当処分撤回を求めて教員たちに態度表明をせまっていたという。ほとんどの教員が、当該学生の所属する学部の問題に他学部の教員が意見を述べることは不当干渉にあたるとか、事件の現場を見ていないのだから明言を避けるべきだといった態度をとるなか、向坂のとった第三の立場とは次のようなものだ。プロローグからの引用である。

A学部という「場」の意見がなんであれ、また全共闘の意見がなんであれ、「何が真実であるか」を規範として、自らの意見を述べるべきだとする主体性の立場である。つまり、「場」の秩序を優先し、個人の意見をいわぬことは、人間としていい恥ずべきことだとする立場である。（向坂　一九八二：一〇、傍点原著者）

こうした、同僚教員の身振りに垣間見えた「人間としての恥ずかしさ」が契機となった向坂の論考は、たしかに日本的「恥」と呼べるものがあるとの前提に立っている。

向坂は、恥の諸相を次の四つの仮説で説明している。

仮説㈠　〈公恥〉「恥とは、人が内密にしたいと思っている自分の劣等部分（弱さ、醜さ、汚れ、欠点）が、人前に露呈した時、また、そう予想した時感じる感情である」

仮説㈡　〈自恥〉「恥とは、永遠的なもの（＝真・善・美）からの距離意識に由来する恐怖である」

仮説㈢　「恥とは逆立ちした愛である」

仮説㈣　日本人の恥は、「所属する集団、総じて「場」から外れることに由来する恐怖」である公恥と自恥という区分は、公恥／私恥（作田一九六七）に対応するものであるが、もともとは、ベネディクトが日本文化を「恥の文化」と規定したときの不十分さを説明するものとされる。

少し回り道になるが、ここでルース・ベネディクトが描く「恥の文化」に触れないわけにはいかないだろう。絶対的道徳意識をもたない「恥の文化」として、欧米の道徳観からすれば劣った文化であると定義したと受け取る日本人が多かった『菊と刀』は、敗戦国日本を文化的に断罪すべく書かれたプロパガンダの書であるとする論評がなされることもある一方、（事実誤認や分析の不十分さなどその細かい部分への批判はさておいても）日本での生活経験のまったくない外国人が、日本人の無意識下にある道徳体系を分析したことを称える論評も少なくなかった〔註：たとえば、ベネディクト（二〇〇五）所収の川島武宣の「評価と批判」等参照〕。前者に与する批判の原点は、日本人には罪の意識がないと断定されること、すなわち侮辱されたことに対しての「復讐する義務」といった感情と関係がありそうだ。いわゆるベネディクト言うところの、「名に対する義理」の一例として見ると興味深いものではあるが、論旨から外れるので先へ進もう。

じつは、「恥の文化」という表現自体に、『菊と刀』のなかではそれほど多くのページが割かれているわけではないし、もちろん、一つの章として独立して議論されているものでもない。「罪の文化」は「道徳の絶対的標準を説き、良心の啓発を頼みにする社会」（ベネディクト二〇〇五：二七二）のものであるとする一方で、日本文化もその一つである「恥を基調とする文化」とか、「恥が主要な強制力となっている文化」という同語反復的説明はあっても、「恥の文化」についての独立した定義は与えられていない。恥の文化という表現が最初に出てくるのは、次の箇所だ。

> 恥が主要な強制力となっているところにおいては、たとえ相手が懺悔聴聞僧であっても、あやまちを告白してもいっこうに気が楽にはならない。それどころか逆に、悪い行いが「世人の前に露顕」しない限り、思いわずらう必要はないのであって、告白はかえって自ら苦労を求めることになると考えられている。したがって、恥の文化（shame culture）には、人間に対してはもとより、神に対してさえも告白するという習慣はない。幸運を祈願する儀式はあるが、贖罪の儀式はない。（ベネディクト二〇〇五：二七二―三、強調傍点菊池）

もちろん、「日本人は罪の重大さよりも恥の重大さに重きを置いているのである」（同書二七二ページ）とされるのであるが、二つの文化の違いとして最も重要な点が、このあとに続く一文で捉えられている。

> 真の罪の文化が内面的な罪の自覚にもとづいて善行を行なうのに対して、真の恥の文化は外面的強制力にもとづいて善行を行う。（同書二七三頁）

ベネディクトが「恥の文化」というときの「恥（shame）」とは、外面的強制力としての、いわゆる「世間体」のもつ抑圧的力を指していると考えてよいだろう。「自恥」とか「私恥」というのは、日本文化は外面的強制力に基づいて恥を起動するというベネディクトの分析は一面的すぎるのであり、内面の葛藤こそが、日本人の恥ずかしさの源泉であることを主張するために考え出された分類概念である。

さて、向坂が挙げている仮説の㈡と㈣が、いわゆる日本的「恥」を捉えたものであることは明白である。ここで注目されるのは、恥を恐怖の感情であるとする点である。「恥とは、永遠的なもの（＝真・善・美）からの距離意識に由来する恐怖」であり、日本人の恥は、「所属する集団、総じて「場」から外れることに由来する恐怖」であるというように、いわば共同体の規範から外れることそれ自体が恐怖であることを捉えている定義なのである。もちろんそうした側面は、いわゆる世間への視線を極度に恐れる日本人的態度として把握するベネディクトが認識していたものに近い。『菊と刀』に対する当時の批判は、欧米社会がもつ道徳の絶対的基準としての罪という観念が日本人にはない、といった主張をしていると受け取られたところにあったのだろう。世間体を気にする姿勢は、必ずしも日本人の専売特許でないことは当然なのだが、同時に、当時米国内にいた日系の限られた人たちとの接触のなかから、世間の視線を極度に心配する傾向を読み取った彼女の観察眼が鋭いものであることは、認めるべきであるし、向坂も「ベネディクトのいうように日本人が罪意識が少ないということにはならない」（向坂 一九八二：八三）と述べている。

向坂は、欧米文化の源流となるギリシア思想に照らして、欧米人の恥の感覚は、「恥とは予想される悪評への恐怖である」（プラトン『定義集』向坂訳、向坂 一九八二：二九）、「恥とは不面目に対する一種の恐怖である」（アリストテレス『ニコマコス倫理学』）をひいて、恐怖を「対世間」的感情から生まれるものだと捉える。さらに、ギリシア語の「恥（アイドス）」は、「慎み」をも意味するとして、つぎのように述べている。

> 恥の仮説㈠「内密にしておきたい自分の劣等部分が人前で露呈する時」の「人前で」が、「神の前で」に置きかわっているわけで、これは恥の内面化といえよう。
> 実はこの時、恥の根元的感情である「自恥」の面が強く自覚されてきているわけで、これはやがて、後にあらわれる人格神「キリスト」教と結びついて、恥の意識より罪の意識に接近するように思われる。
> （向坂 一九八二：三二―三、傍点 原著者）

その恥の克服の仕方として、「自らが秀でたものを身につけ、立派な人であると皆にいわれ、自らもそう信じることによって、永遠的なものからの距離に由来する恥の恐怖を制圧しようとする」（同書三四ページ）のがギリシア人であるという。そこから、そのような力が欠如していることこそが恥ずかしいことであるという意識が生まれるというわけだ。一方日本人は、「自らの強さの欠如が恥の原因であるとしてそれを克服する方向をとらず、自らが属する集団、つまり場に依存して救済されようとする集団への依存性がある」（同書八三ページ）というのである。すなわち、日本人の恥の特徴としての「場」の規範から外れることへの恐怖感はあっても、己の力の欠如に対するギリシア的恥とは、その克服のしかたが異なって、力の欠如は恥ずかしくないというわけだ。

ただし、「永遠的なもの（＝真・善・美）からの距離意識に由来する恐怖」と日本人的「恥」としての「「場」から外れることに由来する恐怖」は、必ずしも別種の定義として考える必要はないと思う。むしろ、「場（の規範）」と「永遠的なもの」が一致する場合があるのであり、そこからの距離意識、すなわちどれくらい外れているかという意識に基づく恐怖が恥ずかしさなのだという解釈が成り立つからである。換言すれば、「永遠の現態勢（＝現体制）」維持への志向性が強すぎるために、「場（の規範）＝永遠的なもの（真・善・美などの観念）」から隔たる位置に置かれることへの恐怖感も強くなるのが、日本的「恥」の特徴であると考えればよいのではないか。

［註：木村敏によれば、日独のうつ病患者の罪責体験を比較すると、「日本人患者では、家族や職場の同僚などの身近な他人、あるいは「世間」に迷惑をかけているという理由から自責感を抱きやすい」（木村二〇〇五：四〇―一）という。こうした「世間に迷惑をかけている」という意識は、排除されることの恐怖へと容易に変換されるのではないか。］

ちなみに、この「場」から外れることの恐怖は、「契約的」意識に基づくものであると考えられる。一般的には「場」の規範をひとしく受け入れる者たちは物語を共有しているという意味では「物語的」ではあるが、ひとたび異質の他者が現れるや排除へと向かうときは、一転して「契約的」論理を持ち出すのである。すなわち、「当共同体が嫌なら出ていけ」という論理に支えられた行動にでるのだ。そのような「契約」による共同体への帰属は、その共同体の規範を自ら受け入れるかどうかという一点において決定されるものであり、人は生まれ落ちる共同体を選べないという事実は忘れ去られ、己の生を当該共同体のそれとは異なる規範で正当化する権利も認められないことになる。もちろん、「場」の規範から「外れることの恐怖」に打ち勝つための「力の欠如」に対する恥ずかしさ（己自身の恥）という感情が生まれにくいのが、ここで指摘される日本的「恥」の特徴でもあるのだ。個人としての力の欠如が恥ずかしいという感性が希薄である一方で、その己の力の欠如を認めたくもないとでもいうかのように、多数者による、外れた一個人に対する激しい批判が浴びせかけられるのも、その付随的特徴と言えるかもしれない。

向坂が恥を永遠的なものからの距離意識に由来する恐怖と捉えるのは、力の欠如を恥と感じない日本人を前提としているからでもあろう。「場（の規範）」から外れることの恐怖は、状況を打破する力のないことを恥とは感じない日本人の傾向を捉えているからだ。

同時に、状況打破の力（＝勇気）の欠如を恥とすることなく、「場」の規範を無批判に受け入れる身振りは、いわゆる「ものの哀れ」といった自己陶酔的な心理的葛藤状態にあることが「美しい」という感性につながっていくものではないかと筆者は考える。自己愛的な心理的葛藤に逃げ込むことなく、状況打破の力の欠如を恥じる感性を失わずにすむためにはまず、「場」の規範から外れることを罪とするような「罪の意識」から、語り尽くせないものが常に残るがゆえに沈黙すべきだが同時に語ることを止めることもできないという「〈宿罪〉に対する負い目」の意識へと、意識転換することが必要だと考える。

不思議なことに、過剰であることに対する恥ずかしさは日本人の得意とするところのはずなのに、その過剰さが世間の大多数に支持されるとき、過剰であることは恥ずかしいことではなくなるのである。むしろ、諧調を維持することを最優先の課題とし、乱調をつくりだすことを極度に恐れる「罪の意識」に囚われ過ぎるのである。もっともその場合の「罪」なるものは、「場」の規範から外れることそのものを意味するのであって、「より善き生」の探求を意識的に諦めることを意味するものではない。ただ一般的に（過剰を恥とも何とも思わない感性をもつ者は論外として）日本人の多くは、目立ちすぎるという意味での過剰を恥と感じる。ただしそれはあくまでも、「場」の諧調を乱すことを罪とするがゆえの恥ずかしさにすぎないのではないか。

その一方で、過剰は、〈宿罪〉を忘却するための醜い行為だと捉えることもできよう。語ることの過剰を〈宿罪〉を忘れさる行為だと感じるのは、語ることの傲慢さ（たとえば、アウシュヴィッツ以後にアウシュヴィッツについて語ることの傲慢さ）を知ってはいても、話すこと（＝証言すること）を止めることの不可能な状態にあること、すなわち一種の「原罪」を意識するからである（第三章参照）。沈黙することこそが求められるときに、それでも語ることを止めるわけにはいかない人間という存在を意識すること。その段階があって初めて、語ることの〈宿罪〉があらかじめ赦されている（がゆえに、負い目がある）ことを知りうるのであり、その負い目からくる「慎み深さ」によって恥ずかしさを感受することが可能になるのだ。すなわち、過剰を、「場」を支配する規範からの逸脱の感覚としてではなくて、まず〈宿罪〉の意識を経由して到達する「慎み深さ」を起動するための触媒として捉えられるのだ。このプロセスを欠いては「恥ずかしさ」は生まれ得ないのではないだろうか。

「語ることをやめるわけにはいかない」ことを、「心の貧しい人たちは、幸いである」という誤った解釈から生まれる、弱者を美化してしまう危険性と比較して考えるとわかりやすいかもしれない。差別され抑圧されている人たちは常に正しいと考えることから、誰もが貧しく、小さくなろうと競争する必要はない、と本田哲郎はいう。「わたしたちが貧しく小さくされている人たちから学ばなければならないというのは、彼らが個人としてわたしたちよりも優秀で模範的だからではなく、抑圧され貧しくされるとはどういうことかを、だれよりも知っているからであり」「彼らは貧しく小さくされているがゆえに、貧しく小さくもされてもいないわたしたちが犯しがちな過ちを、犯すことはないからです」（本田二〇〇六：二二五―六）。本当に語る内容をもたず、証言する資格がないからと、語ることをやめる必要はないが、貧しくも小さくもされていない人間は、貧しく小さくされている人間が犯すことのない過ちを犯す存在であるがゆえにこそ、〈宿罪〉を意識して慎み深くあらねばならないのである。

ところで、力の欠如だけではなくて、基準から外れることの過剰も、自らの恥ずかしさの源泉となりうる。たとえば、他者が異形であり人並み外れてあること（巨大な体躯であったり逆に小さすぎたりすること）の過剰は、それを見る者に対して恥の感情を惹起することがあるのだ。したがって、恥ずかしさを起動するものの判断基準は、相対的なものであるということだ。丸腰の人間を武力で抹殺することは過剰であり、恥ずかしい行為であるとともに、相手は「テロリスト」であったと規定することによって殺人が正当化されてしまう場合もあるように。

しかし、単に「場」の空気を乱したと判断される過剰さの基準は、必ずしも明確ではない。私たちの諧調維持を最優先する姿勢の問題点はそこにある。諧調を乱すことを極度に恐れ、乱調を恥とする姿勢である。赤ん坊を抹殺することは、明らかに過剰であると同時に、己の力が上回っていることが明らかなときに、あえてその力を抑える意志力が欠如しているがゆえに恥ずかしい。それとは反対に、諧調を乱す過剰（たとえば「場」の雰囲気を乱すことは承知の上で異論を語るとき）は、場を維持する努力の欠如として理解されるのである。ここでのポイントは、こうした過剰さの基準は、己が属する（と意識している）「場」が決定する相対的な基準にすぎず、より普遍的なものとして意識されている真・善・美といった基準ではないということだ。

そして、そのような「場」の基準に対する嫌悪感が募っていくと、「場」そのものへの嫌悪感につながり、ひいては「場」の構成員たる者は、己自身を除いて、全員が嫌悪の対象ともなりかねない。そうなると、己自身を例外として（たとえば自分は神であると公言することで）、他者はすべて抹殺の対象となるという身勝手な思考が、殺すのは「誰でもいい」という発言として表出されるのではあるまいか。

日本的「恥」の特徴としての、「場」の諧調を乱すことを罪とする感覚は、〈宿罪〉に対する負い目の意識とは別物であることに注意しておきたい。嫌なら出て行けという論理に支えられる「場＝共同体」の規範の押し付けは、あきらかに「契約的」である。しかし、〈宿罪〉の意識は、すでにふれたように、「物語的」な意識である。向坂が「自恥」と呼ぶ「永遠的なものからの距離意識」は、個々人が「物語的」に構築するがゆえに、人によって大きく異なるのである。一方「公恥」とされる「劣等部分」の判断基準は「場」の規範でもあり、その意味でも「契約的」だと言えるかもしれない。

作田啓一（一九六七）は、「私恥」（向坂は「自恥」と呼ぶ）を「羞恥」とほぼ同義に用いて、羞恥の感情の将来的役割を肯定的に描いている。すなわち、「羞恥は、…広汎な連帯を可能にする作用をもつ」として、「自己の内部の劣等な部分が八方から透視されている人間、集団という甲羅の一切が剝奪され、有としての自己を主張しうる根拠を失った人間、そういう人間同士の連帯は、集団の砦を超えた連帯」であり、「未来の社会において、結合の重要な一形式となることは確かだ」としている（作田 一九六七：二二六）。

契約的なものとしての「公恥」が自己実現の動機を強化する力をもっているというのは、所属する共同体における規範を自ら積極的に受け入れる（すなわち契約的に）ことで、それを内面化することに矛盾が生じないからであろう。一方、必ずしも所属共同体の規範を受け入れられない場合は、「羞恥心」としての「私恥」は、個人のさらなる孤立化を促す。しかし、そのような孤立した個々人が、ある羞恥心を共有できれば、「集団の砦を超えた連帯」としての、「未来の社会において、結合の重要な一形式となる」というのだが…。しかし現代は、そのような意味での羞恥心はほぼ消えかかっているかのようである。むしろ現代社会における羞恥心は、見てくれの良さを判断するための基準に成り下がっているようにみえるのである。ただ、作田の文章のなかの、羞恥心を「廉恥心」と読みかえれば、彼の主張には一理あるのも事実だ。

「引き受けることのできないもののもとに引き渡されること」

俗にいう「疚《やま》しい良心」と名づけられる態度は、罪の意識とはどのようにかかわっているのだろうか。なんらかの罪の意識を認めるがゆえに、自らが受け入れる道徳的規範に従うことで自己の良心を保とうとする一方で、同じ道徳的規範を共有しない他者を排除するなら、たしかにそのあり方は閉鎖的でナルシシズム的であると言えよう。だが、同時に、疚しさのような罪の意識に近い感覚のもつ役割を過小評価してしまえば、人は「より善き生」をめざすための起点をどこに見出せばよいのだろうか。むしろ、罪の意識や疚しい良心は、その起源がどこにあるのかははっきりせずとも、またそれが「契約的」であることからくる限界をもつとしても、私たちはそのような感覚を、「より善き生」探求の出発点にすることは許されてもよいのではないか。

罪の意識の限界の一つは、たとえば、自らにも責任がある可能性を否定するために、自己の内的葛藤へと逃れることによって、最終的にはホロコーストの責任を回避することができるからだと指摘するのはジョルジョ・アガンベンだ。自分はナチスの暴力を否定するが、あの状況では誰もが逆らい得なかったという「論理」を受け入れることによって自らに無罪宣告してしまっても、そもそもそうした内面の葛藤に悩まされているそのこと自体が、決して良心を忘れてしまっていない証拠だと考えられるからである。すなわち、良心が残っているからこそ、苦しい葛藤にさいなまれている自分がここにいるのだという言い訳が可能となるからだ。それは紛れもなく「疚しい良心」の一形態であろう。

アガンベンは、こうした罪の意識の限界を、「恥ずかしさ」の問題として提起する。プリーモ・レーヴィを引いて、戦争が終わって収容所から解放されんとするときに感じた「恥ずかしさ」は、罪の意識では説明できないと言う。彼の主張では、罪の意識に基づくナルシシズム的な内面の葛藤は、ナチスの蛮行への加担責任から逃れることを許してしまうことが問題だという視点が前提となっている。

アガンベンによれば、生き残ってしまったことの恥ずかしさの感情を罪の意識で説明するだけでは不十分だというのである。その例として挙げているのは、アンテルムの証言である。戦争も終わりにさしかかるころ、ＳＳ（ナチスの親衛隊）の隊員は囚人の移送のための行軍のさなかに、足手まといになりそうな囚人を銃殺したという。ある日、ボローニャの大学生が突然選ばれたときのこと。ＳＳの隊員に「おまえ、ここに来い」と呼ばれて進み出た彼の顔が、赤くなったのだという。

かれは、赤くなった。赤面する前に、自分のまわりを見回したが、指名されたのは自分だった。もはや疑いがなくなったとき、かれは赤くなった。ＳＳの隊員は、殺すために、だれでもよいだれかを探して、かれを「選んだ」。かれを見つけたとき、考えはそこで止まった。なぜかれであって、ほかの者ではないのか、とは自問しなかった。また、そのイタリア人も、自分のことだとわかったとき、運命の巡り合わせをみずから受け入れ、なぜ自分であって、ほかの者ではないのか、とは自問しなかった。

（アンテルム［Antelme, p.226］、アガンベン〔二〇〇一：一三八〕より）

アガンベンは、「その赤面の原因がなんであれ、かれが生き残ったために恥じているわけではないことはたしかである。むしろ、どう見ても、かれは、死ななければならないことを恥じている。殺されるのに、ほかの者ではなく自分がでたらめに選ばれたことを恥じている」〔アガンベン二〇〇一：一三八〕と解釈している。ここで考えたいのは、顔の赤さの本当の意味は〔本人以外の〕第三者には分からないはずだということではなくて〔場合によっては本人でさえ説明がつかないこともあるだろう〕、アガンベンの解釈、すなわち、若きイタリア人の感じた恥ずかしさは罪の意識によるものではないという説明が成り立つのは、どのようにしてかということだ。

ところで、生き残ったことの罪の意識が恥ずかしさの理由であるとすることの、どこに問題があると彼は考えているのか。その一つに、「生き残り証人の感じている恥ずかしさを悲劇的な葛藤として提示しようとする欲求」（同書一二七ページ）が垣間見えることを挙げている。それはちょうど、「個人でしたこと、あるいは行為しそこなったことには属していないこの種の罪を負うことは、倫理の問題をうまく解決できないといつも漠然とした集団的な罪なるものを引き受けようとする世間一般の傾向に似ている」（同書一二五―六ページ）という。すなわち、ドイツ人は、一方ではナチズムにまつわる集団的な罪を進んで引き受けようとしつつも、その裏では個々人の責任を問うことには消極的であったということが問題となるからである。（一種の契約として）自ら進んで選んだわけではないので、引き受けたくはないが、その罪を引き受けなければ、恥ずかしい行為であると受け取られることになるだけではなくて、自らもそれを良心の呵責として負い続けなければならなくなるのだ。つまり、罪の意識による恥ずかしさという解釈は、個人の責任の曖昧化につながることが問題とされているわけである。

こうした問題意識のもとに、レヴィナスの分析に即してアガンベンは、恥ずかしさを次のように定義する。

> 引き受けることのできないもののもとに引き渡されること。（アガンベン二〇〇一：一四一）

「恥ずかしさは、わたしたちの存在が自己とのきずなを断つことの不可能性、それが自己自身とのつながりを断つことの絶対的な無力にもとづいて」おり、「自己から逃れようとする押さえがたい衝動に、同じくらい強力に逃亡の不可能性が立ちはだかるからである」（同書一四〇ページ）というのだ。またそれは、「絶対的に自分のものでありながら自分のものでないものに、いやおうなく立ち会うよう呼びつけられているかのようである」（同書一四一ページ）とも言う。

ただ、恥ずかしさをめぐるこれらの説明は、裸を見られることとの恥ずかしさの説明としてはよく理解できる一方で、件のアンテルムの引用における若きイタリア人学生の赤面の説明としては、いま一つしっくりこないように思うのだが、いかがだろうか。すなわち、彼の赤面の理由は、「どう見ても、かれは、死ななければならないことを恥じている。殺されるのに、ほかの者ではなく自分がでたらめに選ばれたことを恥じている」と断言できないのではないか、という思いが捨て切れないのだ。ユダヤ人であるというだけで殺される謂れなき者であるという自負心があれば、恥の感覚よりも、むしろ悔しさの感覚のほうが勝るのではないか、とも考えられるのだ。あるいは、もし赤面が恥ずかしさを理由としたものであったとすれば、むしろ、自分だけは助かりたいという思いを抱いていた自分が、突如指名されることで、そのことが暴かれてしまうのではないかということを恐れた自分が恥ずかしかったのだという解釈も成り立つのではないかと思われるのだ。それはたしかに、法的責任が問われるという意味での、「契約的」な罪の意識ではないし、おそらく「生き残ったために恥じている」のでもなさそうだ。

アガンベンが、罪の意識で恥の感覚を捉えることができないとするときに引用するのは、レーヴィの『休戦』の冒頭部分である。

四人の若い騎馬兵だった。かれらは、機関銃を脇に抱えて、用心深そうに収容所の境界にある道を進んできた。鉄条網にたどり着くと、かれらは立ち止まって、眺めていた。小心そうに短い言葉を交わしながら。そして、奇妙な当惑にとらわれた視線を、崩れた死体、壊れたバラック、少数の生き残ったわたしたちに向けながら、［中略］かれらはあいさつもしなければ、にこりともしなかった。憐憫の情けとわけのわからない慎みの念とに圧倒されているようだった。その慎みの念がかれらの口に封をし、かれらの目を陰鬱な光景に釘づけしていた。それは、わたしたちがよく知っているのと同じ恥ずかしさだった。［ガス室に送る囚人の］選別のあとに、そして陵辱に立ち会わなければならなかったり、陵辱をうけなければならなかったりするたびに、わたしたちを圧倒したのと同じ恥ずかしさだった。それは、ドイツ兵の知らなかった恥ずかしさ、正しい人が他人の犯した罪を目の前にして感じる恥ずかしさである。そうした罪が存在するということ、そうした罪が現実の世界のなかに取り消しがたくもちこまれてしまったということ、そして、そうした罪にたいしては自分の善意などはほとんど無力でなんの防壁にもなりえなかったということで、正しい人を責めさいなむ恥ずかしさである。

（上村忠男・廣石正和訳のアガンベン（二〇〇一：一一五—六）より。一九六九年刊行の早川書房版、脇功訳［一〇—一一ページ］では、「恥ずかしさ」は「羞恥心」となっている。現代日本語の「羞恥心」は「廉恥」の感情を伝えきれなくなっているが、出版当時はまだ「廉恥」の感情を含んだ表現であったのだろう。ちなみに二〇一〇年刊行の岩波文庫版、竹山博英訳では「恥辱感」［一六ページ］となっているのも、同じ事情を物語っていると考えられよう。）

正確にはこの描写は、ロシア兵に解放される瞬間にレーヴィ自身が恥ずかしさを感じたのではなくて、収容所に到達してその想像を絶する状況を目にした若き四人のロシア兵の顔に現れた［レーヴィが彼らの顔に読みとった］恥ずかしさについての証言である［註：アガンベンの議論を支えに羞恥心の問題を考える大澤（二〇〇八b）は、レーヴィは「ガス室送りの「囚人」が選別されるたびに、凌辱に立ち会わされるたびに、そして自らが凌辱を受けるたびに、「私たちを圧倒したのと同じ恥ずかしさ」を覚えた、というのだ」と、レーヴィ自身が感じ取った恥ずかしさと捉えている］。もちろん、レーヴィは、ロシア兵の表情に自己を認めたからこそ恥ずかしさを読み取ることができたという意味では、それはレーヴィ自身の恥ずかしさであるのも事実ではある。

この証言にある「正しい人を責めさいなむ恥ずかしさ」は、いわゆる「廉恥」の感情である。それは、ユダヤ人に対して人間的感情を抱くことができなくなってしまっていた「ドイツ兵の知らなかった恥ずかしさ」であると同時に、収容所での体験がかつてレーヴィ自身を「圧倒したのと同じ恥ずかしさ」であった。レーヴィの他の著書の日本語訳（レーヴィ二〇〇〇）にしたがえば、彼はこうした感情を、「恥ずかしさ（ないしは恥辱感）」という表現のほかに、「絶え間ない不快感」とか、「遠い祖先の不安」ないしは「『創世記』の第二節にその反響が感じ取れるような不安」とも表現している（レーヴィ二〇〇〇：九五）。

レーヴィのこうした語りは、罪の意識が前提にあってこそ、廉恥の感情が生まれることを示唆している（と筆者は考える）わけであるが、意識的であるか無意識的かは別としても、罪の意識を喚起する力が消失してしまえば、そもそも廉恥心は立ち上がってこないことにならないか。もちろんその罪の意識とは、生まれながらにしてもつ自己の有罪性の意識、すなわち〈宿罪〉の意識である。そうした

〈宿罪〉の意識を忘れてしまった者は、もはや自己の責任を問うことなどできないであろうし、結果としてそのことの疚しさから、集団の責任を語りつつも悲劇的な枠組みに自己を押し込むことで、自らの責任を曖昧にすることが可能なのも確かであろう。レーヴィは「他人や自分自身の罪を目の前にして、背を向け、それを見ないように、それに心を動かされないようにするものがいる。ヒトラー統治下の十二年間、大部分のドイツ人はこうしてきた」として、それに対する「不快感」を、「世界に対する恥辱感」(同書九五ページ)とも呼んでいる。

すなわち、アガンベンが罪の意識で恥ずかしさを説明できないと言うときに念頭においているのは、むしろ身勝手にも〈宿罪〉の意識そのものを抑圧する、恥の感性を失ってしまった、破廉恥な私たちの人間性そのものなのではないだろうか。換言すれば、道義的な罪の意識を喚起するために必要な廉恥の感情を生み出すはずの、本来人間に備わっている潜勢力を意識的に抑圧する態度が問題だ、ということではなかろうか。

そのように考えると、個人の責任を等閑に付すことの問題は、罪の意識で恥ずかしさを捉えるそのこと自体の問題ではなくて、〈宿罪〉の意識を抑圧し、自己の倫理的(ないしは道義的)有罪性を意識できなくなってしまうこと(あるいは積極的に忘れてしまうこと)の問題として捉えなおしてもいいのではないだろうか。もちろん、アガンベンのいう、「引き受けることのできないもの」とは、まさに自分との繋がりを絶つことのできない自己自身のことであると思われるが、それ以外の、たとえば、「みっともなさ」という基準にしたがって受け入れの可否を決定するときのような、ある種の基準によって引き受けることができないと考えるもののもとに引き渡される場合も射程に入れることが可能だと考える。とりあえずここでは、アガンベンが言うように、(法的責任と道義的責任が未分化のままで覚える）罪の意識だけでは、廉恥心は起動されないことを確認しておきたい。罪の意識から生まれる疚しさは、そのまま無条件に廉恥心へと発展するわけではないのだ。

ところで、アガンベンの恥ずかしさの定義自体、倫理の領域で思考することを運命づけるものとなっていると言ってよいだろう。なぜなら、「引き受けること」ができるか否かという判断は、より善き生を志向する個人がそのつど判断をせまられる状況でなされるものだからである。

倫理の問題圏において、罪の意識がこれほどまでに評判が悪いのはなぜだろうか。おそらく、罪の意識が容易にナルシシズムにすり替わってしまうというのが、その最大の理由であろう。すなわち、ナルシシズムは倫理の敵であるからだ。しかし、罪の意識それ自体が否定されているわけではないことは留意する必要がある。ニーチェしかり、いかに「疚しい良心」の暴力が問題をはらむものではあれ、罪の意識に基づいて倫理を獲得しようとする人間化のプロセスそのものを否定するものではないし、批判理論について語るジュディス・バトラーにしても、罪の意識そのものを全否定するわけではない。「これらはすべて、反省性を強め、主体を支え、自己充足の主張を支え、主体の経験的領野の中心性や不可欠性を支える応答である」（バトラー 二〇〇八：一八五）と認めてさえいる。すなわち、罪の意識がナルシシズムに変換されないところで留まっているかぎり、それはある種の「倫理」獲得のための人間化のあり方として正当な位置を占めることが許されると考えられるのだ。

人は「引き受けることができない」と感じるとき、なにがその判断の基準となっているのだろうか。それともそれは無意識の衝動的判断なのか。あるいは、引き受けることができないと感じられるときの閾値の幅は、どのような経験によってつくられるのだろうか。こういった問題に答えることができなければ、「引き受けることのできないもののもとに引き渡されること」はどのようなことなのかを明確に捉えることはできない。仮に引き受けることができないという判断は自分によって下されるとしても、そもそもそれを引き受けさせようとする者、引き渡そうとする者は、いったい誰なのだろうか。それもよくわからない。

そしてこれらの問題について考えることは、「道徳的規範に対する批判的態度こそが規範に対する倫理を構成する」という、共同体主義の負の側面を否定する考え方の限界を明らかにするうえでも必要だ。すなわち、批判的態度が起動される源はどこにあるのか。換言すれば、批判的判断は何に準拠するものなのか。それは無意識の衝動的判断なのか。あるいは、ある道徳的規範が受け入れられるときと受け入れられないときの閾値の幅は、どのような経験に基づいて形成されるのか。さらに、道徳的規範に従うよう強制力を行使しているのは何者なのかが明確にされなければならない。

アガンベンは、「引き受けることのできないもののもとに引き渡される」という恥ずかしさの宿る場所を次のように説明している。

　この引き受けることのできないものは、外部にあるものではなく、まさにわたしたちの内密性に由来するものである。それは、わたしたちの内部の奥深くにあるもの（たとえばわたしたちの生理学的な生そのも

の）である。（アガンベン二〇〇一：一四一）

この「わたしたちの内密性に由来」し「わたしたちの内部の奥深くにあるもの」こそ、〈宿罪〉の意識であると筆者は考える。たとえば、千葉法相的醜態の源泉も同じ場所に宿ると考えられるのだ。今ここに在ることができているのは、内なる〈宿罪〉を封印して忘れた振りを続けることができているからにすぎないのではないのか。われらの内なる恥ずかしさとはそういうものなのではなかろうか。

たしかに、一般的な罪の意識、すなわち法的責任のみが問われているという意識しか働かなければ容易にナルシシズムに陥っていくわけであるが、いわゆる道義的責任を意識するようにしむけるものは、〈宿罪〉がすでに赦されているという負い目から生まれる慎み深さの感覚ではないだろうか。換言すれば、批判的態度を持ち続けるためには、「自分の可謬性についての自覚」を持ち続けることを可能にする「慎み深さ」を常に失わないことが重要だということにならないか。

こうしたあり方のほうが、常に規範に批判的であれという定言命法より、より現実的であると同時に、根源的であるように思う。批判的であれという規範が「道徳的」指針であり続けるのは、義務的なものとして提示されるからであり、また受け入れるかどうかの判断が一種の契約的なものでもあるからだ。それに対して、慎み深くあれ、恥ずかしさの感覚を失うなというのは、文法的には命令形ではあるが、命令の内実が、批判的であれという命令のそれとは異なる。批判的であれというのは、批判的であることが善であるという別の規範に基づいて、批判することを放棄する状況を非難するものであるが、慎み深さや恥ずかしさの感覚は、最初から人間に備わっている（と筆者は考える）ものであり、慎み深くあれというのは、いわば眠った状態にあるものを思い起こせよ（＝よみがえらせよ）という呼びかけなのだ。むしろ、慎み深さや恥ずかしいと思う感性を凍らせ続けるよう働きかける力が何なのかを、意識にのぼらせる必要があるのだ。

ところで、「引き受けることができないもののもとに引き渡される」という恥ずかしさの感覚が湧き上がる状況には次のようなものが考えられる。通常恥ずかしさというときに最初に持ち出される例は、裸の自分を見られたときの恥ずかしさである。本来見られたくないと思っている裸の姿を、無防備な状況のなかで見られてしまったときに感じる恥ずかしさの感覚は、もちろん、その瞬時にしてなす術が見つからない状況で生じるものだろう。そのような状況に置かれること自体、当人には引き受けることができないわけで、自らはなす術がない状況に引き渡されて茫然自失の感覚は、私たちにもなじみ深いものである。もちろんこの場合には、彼をそのような状態に引き渡した人間は特定できるものとして存在するだろう。

ちなみに、引き受けることができないもののもとに引き渡されるときに恥ずかしさを感じるのは、自分が内面の自己自身とのつながりを断つことの無力な状態、すなわち自己自身のもとに引き渡されるからだとされるのであるが、アガンベンの分析では、そのような状態に「引き渡すもの」の役割についての議論はなされていない。

たとえば、さきの頬を赤らめた青年の例では、殺されるために選ばれたというその事実そのものを引き受けることができないというとき、そのような状況に（何者かによって）引き渡されてしまったことが、恥ずかしいということになるわけだが、引き渡したのは誰かが曖昧なのだ。たしかに、直接彼に呼びかけたのは特定の人物かもしれないが、そもそもなぜ彼はユダヤ人であるという理由だけで、その選ばれる候補者たらねばならなかったのか、そのような状況に彼を引き渡したのは、そもそも特定の一個人であるとして指弾することは、もはや困難なのである。もちろん、呼びかけたのは特定の隊員であるが、しかし青年が殺されなければならない状況を作り出した原因をその人物にのみ帰することは不可能なのだ。

実は、恥ずかしい状況に引き渡されるときにみられるそれと同じような構造（呼びかける仮の人格は存在するが、その人間に、他者の運命を決定する判断を下す権限を与えた存在は不可視のままであるということ）は、現代でも日常的にみられることに気がつく。

引き受けることができない（裁判所、裁判官による）判決
引き受けることができない（ご都合主義的教師、上官などによる）命令
引き受けることができない（提灯持ち文化人、御用学者などによる）論調
引き受けることができない（医師、科学者による）診断・断定…

これらの場合でも、裁判官とか教師のような特定の人格に、他者が彼らの「命令」を引き受けることを要求する権限が与えられている。また、「命令」を引き受けることを要求される側が恥ずかしさを感ずる背景として、その判決、命令、論調が当人には受け入れられないものであるという判断が前提

にある。しかも、裁判官、教師、上官、学者などの職位は、彼らの「命令」を引き受けることを求められている側からみれば、自分たちより優位な社会的位置にあることが必要条件である。その場合の優位さとは、裁判官や警察官などのように社会的にその職位そのものの優位が認められているという制度上の優位さだけではなくて、聖職者や教師のように、精神上の優位さが社会的に広く認知されているということだ。

もちろん、特定可能な一個人にその責任を負わすことが明確な場合には、その個人を、いわゆる法的責任を問われる非難の対象として据えればよい。しかし、その一個人を己自身に置き換えてみるという想像のなかで、自分も同じ立場なら同じことをするかもしれないと一瞬でも思ったとすれば、その個人を批判することはむずかしくなるという状況が生まれるのだ。なぜなら、現社会システムを支えている己自身の道義的責任も問われるからである。道義的責任は、たとえば原爆投下の場合に見られるように、その責任主体が名前を持つ一個人に限定されないことがあり（もちろんトルーマン一人に負わせることも法技術的には可能ではあっても）、場合によっては、一市民にすぎない自分にも責任があるかもしれないという思いに至ることもあるのだから。

そのときに、恥の感情の矛先は、他者ではなくて、自己に向けられることになる。そこで、自分がどのように振る舞うべきか人は悩むわけだが、状況がそうさせたという「論理」で自らの責任を回避することによって、恥ずべき行為を正当化してしまうことも可能であり、逆に場合によっては、命を賭けてまで恥ずべき行為はしないという選択をすることも可能である。後者の場合、引き受けることのできないことということのは、そうした恥ずかしい行為はどんなことがあっても引き受けることができないという確固たる判断の上でなされている。だからそれを引き受けてしまうこと、すなわち悪魔のささやきによって、本来は悪いと知りつつその状態に引き渡されてしまうことこそが、恥ずかしいということになる。したがって、裁判官の判決、上官の命令、教師の指導、学者文化人の論調など、それに対して恥ずかしさを感じるのは、自分ならそうした判決、命令、指導、論調を発することはないという確信（的判断）に基づいているといえる。引き受けることを求められているが引き受けることのできないのは、そうした確信（的判断）があるからだ。

実際に受け入れることを拒否するかどうかは、一般的に勇気の問題としてとらえられるが、拒否するしない以前に、人としてしてはならないことに対する「後ろめたさ」ないしは疚しさの感覚は、誰でも持ち得るものとしてあるのではないか。しかし、皆が有罪であるならば、自分の罪が裁かれることはないはずだという感覚が生まれてくることもあるのだ。もちろん、後ろめたさの感情も疚しさのそれも、恥ずべき行為の正当化を許さないための武器としてはまったく頼りないのも事実だ。なぜなら、状況がそれを許さなかったという、お決まりのナルシシズム的葛藤へと逃避することが容易になるからである。

［註：このナルシシズム的葛藤が、自分だけが割を食っているという意識へと進むと、それは「妬み」や「逆恨み」になっていく可能性が高い。その場合、罪があるのは自分ではなくて、むしろ他人であるという判断に基づくものであり、それも罪の意識に基づく心理的葛藤の一例と言えるかもしれない。］

それでもなお、後ろめたさの感情、疚しいと思う感覚、またそうした思いを喚起しうる罪の意識そのものは、人は誰もがもち得るものと言えまいか。その場合の罪の意識とは、所属する共同体の規範を侵害しているという意識であるが、そのような罪の意識は、〈宿罪〉を意識することよりも、比較的容易にもち得るものであろう。なぜなら、〈宿罪〉の意識は特定共同体を超えた場所に自己を置いてみることによって到達し得る意識であるのに対して、特定共同体のなかで自己の位置を確認するほうが簡単だからである。そもそも、身勝手な精神的葛藤の渦中にあることで自己を満足させようとするナルシシズムが生まれるのも、自らが属する共同体において無難に生き抜くためという願望が前提にあり、だからこそ共同体の規範を侵害してしまったという罪の意識になんとか折り合いをつける必要がでてくるのである。そうした罪の意識を薄めるための触媒装置として、精神的葛藤が利用されるのだから。後述するように、こうした精神的葛藤は、「かなしみ」の状態にも見られる。運命や諦めといった自己の無力感に耐えていることに対する陶酔感に基づく自己哀惜のナルシシズム的感情は、それに近いのではないだろうか。

ただ、羞恥心なるものの内実が、外見のみっともなさをはかる基準に成り下がってしまった現代日本社会は、そうした精神的葛藤の経験さえ経ることなく恥ずかしい行為が容認されてしまうという、深刻な状況にある。ナルシシズムとして批判される状況さえ生まれない、恥ずかしい行いに手を染めているかどうかといった精神的葛藤さえ経ないまま、一気に清算してしまおうという空気が支配しつつあるのではないか。その場合、そもそも人を殺めることに対する罪の意識さえ、息絶え絶えの状況なのではないだろうか。私たちが知りたいのは、本来は備わっていたはずの罪の意識さえ失わせるように働く力はどのようなものなのかということだ。

いや、そもそも、いつなんどきでも悪の誘惑に負けない人間などいないのだ。「悪に染まらぬ人間は円熟などしない、一種特別な内気さのうちに気むずかしく不寛容に生きているものである」（アドルノ二〇〇九：一七）のだから。むしろ、人は気を緩めればいつでも悪に染まる可能性そのものであるがゆえに、罪の意識をもつ存在であろう。自分は「神」であると公言し、「神」である自分に反抗するものは殺してもよいとする身勝手な論理を身につけるまでに、人はどのような経験をする必要があるのだろうか。もはや、共同体の規範を侵害しているという罪の意識による限界を考えることよりも、薄れつつある〈宿罪〉の意識をどのようにして復権できるのかという問題に取り組まなければならない段階にきているのかもしれない。

「人間同士の思いやりは、目的を離れた人間関係の意識に外ならない」（アドルノ二〇〇九：四四）とすれば、思いやりとは、やはり義務的な道徳に基づくものではなくて、「より善き生」を探求する人間同士のあいだに、外的要因に影響されることなくつくりだされうる関係ということになるだろう。ヒトは自然界では、より運動神経の発達した動物の餌食になりうるがゆえに単独で生きるというのは賢明な選択ではない。だからこそ、互いに思いやりの念を育みつつ、協力関係を維持することは理にかなっているのだ［註：実際に、人は生まれながらにして他者に親切であろうとする傾向があるという報告もある。（“We May Be Born With an Urge to Help”, *The New York Times*, December 1, 2009）参照］。

仮にそこまで時代をたどらなくとも、ヒト社会においても、いくつかの領域で最強の力を有する人間以外は、自分より強い力から身を守るために協力して生きることは理にかなっている。またあらゆる領域で最強であるという人間はいないのも事実であろうから、そうであればこそ、あらゆる人は誰か他人と協力関係を維持する必要があるのだ。問題はその協力関係が、多くの場合、思いやりの関係ではなくなってしまっているということなのだ。それを、「嘘」の変容の問題として考えることもできるだろう。

「嘘はついてはいけない」という警告を一度も耳にしたことがない人はいないでしょう。まず親から、そして学校では教師の口から。ただし、それは子どもたちに限られない。人は大人になっても、同じ警告の声を己自身のこころのうちで聞き続けるのだ。しかし、この「世間」で、「あまりに率直であることは身を過《あやま》つもとになる」とアドルノは言う。

なぜなら嘘をつく度に、生きていくためにはいやでも嘘をつかざるを得ないように人を仕向けながら、他方では「つねに誠心誠意を心がけよ」という空念仏を歌って聞かせるこの世のしくみのあさましさを思い知らなければならないからである。こうした羞恥は神経の繊細な人間のつく嘘から効力を奪ってしまう。…かつては意思疎通の自由な方便であった嘘が、今日では厚顔無恥のあやつる技巧の一つとなった…。

（アドルノ 二〇〇九：二六―七）

アドルノが、こうした「嘘」の変容を、羞恥（ここでは廉恥と読みかえよう）としてとらえていることに注目してみよう。世間のうそ臭さがいやらしいのは、少なくとも嘘をつくことが罪であるとの認識に基づくものと言ってよいだろう。「厚顔無恥のあやつる技巧の一つ」に成り果てた嘘という認識は、かつて末弘嚴太郎の唱えたような「嘘の効用」という肯定的側面にも通ずる。なぜこのような破廉恥な嘘はいかがわしいものにみえるのか。それはおそらく、人間として当然引き受けるべきものを、その力があるにもかかわらず、引き受けないからではあるまいか。自己保身を優先するあまりに、「引き受けるべきものを、引き受ける力があるにもかかわらず引き受けないこと」、おそらくそれが「いやらしい嘘」ということになるのではないか。

なにもかも嘘だらけという事実を、まだ自立する術をもたないうちから教え込まれる状況は、子どもにとってはどれほど残酷なものなのか。子どもが経験する最初の小さな社会は、多くの子どもたちにとっては家族であろう。親の援助がなくては生活できない、少なくとも経済的には無力な子どもたちにとって、親や身近な人間との関係が、仮にすべて「嘘」で固められているということがわかったら、精神発達上きわめて深刻な状況を生み出すだろう。ましてや親も親族もいない環境で生きなければならない子どもたちは、より過酷な経験を余儀なくされるであろう。

たとえば秋葉原無差別殺傷事件のKTが、家族が世間体を守るためだけの形式的なものだったと言っていたのも、そのような状況から出てきたものだろうか。KTの弟はその手記のなかで、家庭内だけでなく、中学校のなかでのある雰囲気の共通性について次のように記している。「家庭と同様に中学校でも、常に「他人から良く見られること」を徹底的に意識するような教育を、アレ［註：兄であるKT］と私は受けてきたのです」［「秋葉原通り魔弟の告白「兄の謝罪と反省は、すべて嘘だ」」、『週刊現代』二〇〇八年七月五日号、二二一ページ］。そして、兄が「被害者のことを思って涙を流し謝罪していると報道され…留置場の中でお経を読んでいるという話しも聞きました」とした上で、「〝お経を読む〟という行為によって、なんとなく反省したことを示せると犯人は考えたのだと思います。「涙を浮かべる」ことも、人前でやれば反省の意識が伝わる、そう考えたのでしょう」と、「他人から良く見られること」を兄が犯行後も実践しているのではないかと疑い、謝罪はポーズにすぎないと信じているのだ。またKT自身も、のちに被害者の一人に宛てた謝罪の手紙のなかで、謝罪文を書くという行為が「形だけの謝罪」だと受け取られてしまうことを意識しながら、「これは本当に本心なのか、いつもの「いい子」ではないのかと、常に自問しながら書いてます」と断わった上で、次のように書いている。

また、謝罪とは何なのかということも考えました。というのも、私の母親が私に対して謝罪した、という話を聞いた時、非常に不愉快に感じ、それが私の「皆様の心情を害するのではないか」という思いにもつながっていったからです。私の母親は、私に対する虐待を詫びつつ、そういったことは記憶になく、虐待の事実も無い、と言っています。では、その謝罪は何だったのかと考えると、保身のため、世間体を整えるためだったとしか考えられません。

（「K被告から届いた手紙」、『週刊朝日』二〇一〇年二月五日増大号、一三〇ページ）

これは、常に周りの他者に対する過剰なまでの配慮を迫る、私たちの社会の雰囲気そのものの表現ではあるまいか。家庭では、嘘をつくことの、人間関係を壊してしまうその破壊的性質を学び、しかもより大きな社会である学校でも、嘘をつき他人を裏切ることの利点を教え込まれるとしたら、純粋な子どもほど大きく傷つけられるのは疑いない。いじめを見て見ぬふりをする教師たち、その彼らの卑怯な態度の裏に自己保身への欲望を見て取ってしまった子どもにとって、教師は信頼にたる存在であると信じていたとすればなおさらのこと、その傷は深いものとなろう。しかもテレビでは連日、政治家、警官、あるいは検事やらの不正が暴かれ続けるとなると、それでもなお「嘘をついてはいけない」という教えを守り通すには、完全な二重人格を形成するのでもないかぎり、まず不可能なことではないのか。

それでも、嘘をつくことにまだ後ろめたさを抱き続けるかぎり、そのような恥知らずの大人たちを軽蔑することによって、自らの尊厳を失わずに済むかもしれない。嘘をつくことによって大事にしている人間関係が壊れてしまうことの痛みを感じることができればこそ、嘘をつくことに対する罪の意識を保持することも可能ではなかろうか。しかし、痛みも度重なれば、慣れてしまうのが私たち人間の性なるゆえ、罪の意識が薄れゆくのも必然的道理だ。そうなれば、嘘をつくことに対する恥ずかしさの感覚も失われてしまうのは、もはや時間の問題なのだ。「引き受けるべきものを、引き受ける力があるにもかかわらず、引き受けないこと」（「嘘」）も、「引き受けることのできないもののもとに引き渡されること」である「恥ずかしさ」も、いずれもが、当の件が「自らに引き受けることができる力があるかどうか」という一種のスクリーニング・テストを経て湧き出てくる感覚だといえないだろうか。

「世界というよりもっぱら世間にぞくする私たちは、がいして悩むことのできる悩みしか悩まない」［註：辺見庸「犬と日常と絞首刑」二〇〇九年六月一七日付『朝日新聞』］という。人にはそもそも、悩むことのできる「苦悩容量」があるがゆえに、それ以上のことを悩むことができないという意味だ。辺見庸の言う「苦悩容量」は、「（引き受け可能な）負い目容量」と解釈してよいかもしれない。本来はその罪を引き受ける力が自分にはないと思えるが、それでもなお引き受けようと決意することが尊いのは、自らの「負い目（意識）容量」を増やそうとするからであろう。負い目（意識）容量の範囲内にあるにもかかわらず敢えて引き受けないことが、恥ずかしいのだ。

恥ずかしさを、一般的「罪」の意識、すなわち「契約」的なものとしての犯罪を犯したという意識（＝法的責任のみが問題とされるような意識）で説明することに限界があるのは、その契約そのもの（＝法的過ちを犯したとの裁定を引き受けること）が、実は有無を言わせずに強制されたものであったことの悲劇として捉え、自らを悲劇の主人公としてナルシシズムに陥ることで罪そのものを忘れることを可能にするからだ。しかし、だからといって、そうした罪の意識そのものが不要だということにはならない。いったん所属共同体から離れたところに身を置いて到達できる〈宿罪〉の意識とは異なって、共同体の規範を侵害しているという罪の意識は、少なくともある共同体で生きることを全否定しないかぎりは、誰もが抱きうるものであるはずだ。だから、そうした罪の意識があってこそ疚しさの感覚が芽生え、悲劇的葛藤に至るのである。ただし、問題はそこからなのだ。

つまり法的責任と道義的責任が、自らの意識のなかでは未分化の状態のままでは、たしかにその過ちの裁定は強制されたものであったと考えたくなるかもしれないが、状況によっては誰もが、すなわち自分自身も、強制する側に位置したかもしれない可能性に思い至れば、自らも生まれながらにして罪を犯す存在なのだという〈宿罪〉の意識をもつことが可能になるのではないだろうか。そのようにして思い至る一種の道義的責任の意識が、ナルシシズムに陥ることを防ぐことになると期待される。

それは、〈宿罪〉への「負い目」を常に意識することからくる「慎み深さ」を基盤とする廉恥心につながるからである。

「恥ずかしさ」と差別意識

次の投書は、バスに乗り込んできた若い「夫婦」が、ベビーカーに乗せた子どもに食べ物を与え、人目をはばからずに「家族そろっての食事」を始めたことを、はしたないとたしなめるものである。

> 休日の午後に都営バスを利用した時のことです。車内はすいていました。そこへ二〇代の夫婦と幼児が乗車してきました。子供をつれていなければ盛り場でたむろしているような格好の二人です。
> 男性がひとり用の椅子に座ると、その横にベビーカーを寄せ、幼児の前に女性がしゃがみ込みました。そして、おにぎりを食べ始めたのです。［中略］今や日本でも、歩きながら食べたり、飲んだりする姿は街中でもたくさん見かけるようになりましたが、路線バスの中で家族そろっての食事とはいかがなものでしょうか。
>
> ［江東区自営業女性　六一歳　投書］（『毎日新聞』二〇〇九年一一月一日13面　強調傍点　菊池）

「盛り場でたむろしているような格好」などという表現からも分かるように、投書主のご婦人は、この若いカップルに対してかなり厳しい視線を投げかけている。電車内での飲み食いや化粧を恥ずかしいと思うかどうかは、人によって異なるのは当然だ。しかし、時代の判断基準というものがあるのも事実だ。おそらくこのご婦人は、時代の判断基準を支持する多数派の一人であるとの自信がこのように言わせることに気がついていないだろう。まさか自分の投書に差別的視線を読み取られようなど思いもよらないのではないか。

だがこの投書には、二重の意味で、相当の蔑視感情を読み取れよう。「盛り場でたむろしているような格好」が単に嫌いであるだけではなくて、三人でおにぎりを食べたという出来事を「家族そろっての食事」と表現するまでに至るに際しては、日本社会の主流をなす中流階層の規範を身につけていないことに対する嫌悪感をバネにしているのだ。ここには、自らの道徳規範を他者に押しつけようとするいやらしさがはっきりと表現されている。

この「…とはいかがなものでしょうか」という表現のいやらしさは、どこからくるのか。第一に、自らの道徳規範が多数派のものであるという自信に裏づけられた表現であること。第二に、嫌悪感を直截的に表現するのを避けることによって、自らの品位を保っているという自意識が濃厚であること。第三に、自らと同じ道徳規範を共有しない者を徹底して排除したいという差別的願望に支えられた表現であること。そして第四に、そのようないやらしい表現をしていること、すなわち恥ずかしい表現を口にしていることにまったく気づきたくないという欲望がその背景にあること。こうしたことどもが可能となるのは、「自分という主体を隠して、同時になにかを無傷で裁定しようとする」(辺見二〇〇六：一二五)姿勢が恥ずかしいことだと認識できないからなのだ。

だが「…とはいかがなものか」の姿勢は、私たちの性根深くしみ込んでいることも認識させられる。なぜなら、上述の蔑視表現を批判する側も、同表現のもつ力につい頼りたくなるからだ。すなわち、当のご婦人の表現は「いかがなものか」と言いたくなる誘惑に駆られるのだ。

「いかがなものか」は、では何に準拠するものなのか。そもそも、「より善き生」を志向する倫理の問題なのだろうか。それとも単なる道徳規範の問題にすぎないのだろうか。この表現の背景には、まずもって、自ら信じて疑わない道徳的規範が横たわっている。そのこと自体は問題ない。規範がどのようなものであれ、人はある種の規範的な準拠を有することなくして生きられない存在なのだから。

ただし、ある規範を自ら進んで受け入れるかどうかは、結果としてその人間が強烈な差別意識をも受け入れるかどうかに直結する場合があることに留意する必要がある。そのことは同時に、規範を「受け入れる／受け入れない」の判断は、「本質的自己」（本当はそのようなものは存在しない）による決定であると誤解するかどうかという問題でもある。

批判理論の多くは、人が〈私〉なる存在となるためには他者との出会いが必要であり、そもそも〈私〉なる存在は、様々な出会いのその都度の、他者との持続的かつ共時的関係性にほかならないと考える。言い換えれば、生きているかぎり続く他者との出会いが、自己の進んで受け入れている道徳的規範を変える契機となること、さらに言えば、変える必要があることが含意される。なぜなら、絶対的に正しい〈私〉なるものは、神であるか、さもなくば己自身を神であると信じた狂人か、どちらかでしかないからだ。そのどちらにもなり得ないならば、他者との出会いを契機として、神でも狂人でもない存在としての〈私〉を永遠に生き続けなければならない運命にあるのだ。

批判理論は、特定の道徳規範を絶対視することの危険性を防止する有効な処方箋として、常に批判的であれと命ずる。ところが、そもそも特定の道徳規範が絶対的なものだと信じて疑わない人間には、それはきわめて困難なことなのだ。なぜなら、どのような批判であれ、批判する力の源となる、なんらかの準拠枠が必要なのだが、その準拠となるものが、自らが絶対視する特定の道徳規範であるという、最初から脱出不能のジレンマを抱えた状況にあるのだ。

ではその場合、慎み深さの感性に頼るほうが、少しはましな方法となるか。他者との出会いという契機が運命づけられているという事実から言えば、そうである。「酒場でたむろしているような格好」の若者との出会いは、その意味で重要な契機となる。そのご婦人は、派遣村のニュース報道を見なかっただろうか。若い派遣労働者たちの置かれた状況についての話を見聞きしたことはないだろうか。あるいはすでに聞いたことのあるはずの戦後の混乱期の状況を思い浮かべたりしなかっただろうか。他者との出会いとは、なにも直接現前する生身の人間との出会いのみを意味するものではない。自らの生活体験として、本を読んだり、人づてに聞いたり、報道に接したりするのも、他者との出会いなのである。そのとき常に、自らの規範に批判的であれという命令を意識する必要はない。他者との出会いそのものが、そのような思考を促さずにはおかないのだから。そのとき、ひるがえって我が身に重ねてみるような思いに至れば、程度の差はあるとしても、人は慎み深くなれるのではないだろうか。そこで初めて、内面の他者である〈もう一人の私〉に出会えるからだ。

無差別的な殺傷事件を起こした若者たちでさえ、そのことは当てはまるように思える。秋葉原事件の実行犯、そしてその被害者にもそのことは言えよう。実行犯のＫＴは、被害者に手紙を書くという経験のなかで、あらためて名前と顔をもつ他者としての被害者との出会いの機会をもつ。そしてその出会いのなかで、彼の思いが綴られた手紙を受け取った被害者も、そこで「人間」としてのＫＴに出会い、それまでの自分の姿勢を見直すのだ。事件当時タクシー運転手だった湯浅洋さんは、KTのトラックがはねた買い物客を救命中に後ろから刺されたが、病院に搬送され一命を取り留める。謝罪の手紙を受け取った湯浅さんの最初の感想は、「なんでこんなにまともな子がこんなことになっちゃったのか」というものだったという。「もっと君を見せてくれませんか。お願いします」と返事を書いた湯浅さんは、さらに二通目の手紙のなかで、KTが初公判で「事件を起こした理由を明らかにする」と言ったことにふれて、「改めて、自分の言葉でみんなの前で言ってくれたことが、手紙の内容が偽りでなかったと、私に確信させてくれました」とまで書く。そして、「悲惨な事件を二度と繰り返さないよう、いろんな人に伝えていくことが大切。そのために、私は今後も活動を続けていく」と語っているという〔註：松本千枝「もっと君を見せてくれませんか――秋葉原事件・加藤被告人との「対話」」、『週刊金曜日』二〇一〇年四月二三日号、第七九六号〕。見直しは、出来事を我が身に重ねてみることから生ずる。それは、自分でもあり得たのではないか、という思いに至ること。それが慎み深さへとつながっていくのではなかろうか。

「恥ずかしい」と「かなしい」

若狭湾に連なる原発を問い直す運動団体「原子力行政を問い直す宗教者の会」のリーダーで真宗大谷派の指月山西誓寺住職の岡山巧は、東京で学んでいたころ敦賀出身だと言ったときなにか見下げられた感じがしたという。「大勢の被曝労働者がいます。私たちが電気を使うことによって」とみる彼は、その原発も差別の舞台だと言い、住職としての自分が抱いた恥の感情について語っている。岡山を取材した新聞記者は次のように伝えている。

「部落の人にすればお寺も差別の温床だった。なのに袈裟かけて、ふんぞりかえって教えを語ってきた。私も愚かで恥ずかしい存在だと気づくと、自然、手が合わさる姿になるんです」

東京で学んだ岡山が敦賀出身というと、「ああ、あの」と原発の町と見下げられる印象を感じた。だが、ふと気づくと原発も差別の舞台だった。「大勢の被曝労働者がいます。私たちが電気を使うことによって」。二〇〇八年九月、岡山らの準備で仏教、キリスト教など「原子力行政を問い直す宗教者の会」の全国集会が敦賀で開かれた。

敦賀で一泊した翌朝、岡山に連れられて原発施設を回った。東京に戻った私に、しばらくして彼のメールが届いた。

「人間が生きることは、常に他者を傷つけている営みだろうと思います。「善人」が偽りの時代をつくる。原発ＰＲ館で若い女性が一生懸命仕事していました。彼女たちと共に救われることがどこで成り立つか、重い問いです」

（早野透『朝日新聞』二〇一〇年二月一日付夕刊1面下段［ニッポン人脈記］、「神と国家の間② 墨痕あざやかな聖書に刻む」、強調傍点 菊池）

岡山住職が語る恥は、当然私たちの恥でもある。そして、「人間が生きることは、常に他者を傷つけている営みだろうと思います。「善人」が偽りの時代をつくる」というのは、それでも人は生きて語り続けなければならないことと同時に、善人ぶってめでたく生きることの恥ずかしさを語っているものと受け取るべきだろう。しかしこうした廉恥の感情は、自らの存在を「恥ずかしい」と感じるよりも、「かなしい」と感じる感情によって凌駕されつつあるのではないだろうか。

竹内整一によれば、「かなし」とは、「…しかねる」の「カネ」と同根とされる言葉で、「まさに「…しかねる」という有限性として、「運命」「諦め」「不可思議の力」「己の無力」を知らしめるもの」（竹内二〇〇九：三二）であるという。


「かなしみ」とはまずは、「みずから」の有限さ・無力さを深く感じとる否定的・消極的な感情であるが、しかし、そうしたことを感じとり、それをそれとして「肯《うべな》う」ことにおいてこそ、そこに「ひかり」（倫理・美・神・仏）が立ち現われてくるという、肯定への可能性をもった感情としてある。（竹内二〇〇九：一四）

すなわち、かなしみとは、人間が己の無力さを意識するときにいだく感情であると同時に、普遍的倫理へと導く力にもなりうるとするというわけである。

ここで筆者が気になるのは、「倫理、美、神、仏」がある種の「ひかり」であるにしても、それらをいともたやすく同列に論じうるとすることへの抵抗感があるからである。己の欲望を厳しく排除することを冷酷にもとめる「倫理」と、ややもすれば単なる自己愛にすぎない自己完結的な美意識のようなものは、単にかなしみを肯うことから生まれるとすることには、どうしても無理があるように思うのである。

日本人がいかにこの「かなしみ」という感情に己の存在をかけてきたのかということは竹内の記述

に詳しいが、「かなしみ」が自らの無力さを意識するときの感情であるとするならば、同様に無力な状態におかれ、引き受けることのできないもののもとに引き渡されるという「恥ずかしさ」の感情と、その生まれうる場所は同じではなかろうかと思わざるをえない。

己の存在を「かなしい」と捉える感性と、「恥ずかしい」と捉える感性が同じ場所で生まれるとすれば、そうした自己愛的葛藤を美しいものとして育んでいけばナルシシズムへと至るというのは、どう理解すべきだろうか。とくに、ナルシシズムへと至ることの問題性を意識しつつも、それでもなお、「かなしみ」を肯うことの必要性を説く「論理」、すなわち齋藤孝が「だからこそいま、哀しさ、あるいは寂しさに落ちていくというセンチメンタルでナルシスティックな姿も一種の美しさであり、心地よさであると感じられるような心の余裕が必要なのではないでしょうか」（竹内二〇〇九：一九六）と語るような、「日本人がこれまで何百年という歳月のなかで培ってきた感情が、急速に枯渇しているという印象をもっている」とする一文を引用する竹内の「センチメンタリズム擁護論」は、己を恥ずかしい存在と感じる意識をもとに「より善い生」のあり方をさぐる方向性とは、まったく逆向きのベクトルに基づいているのではあるまいか。

岡山住職の言葉に見られる、「袈裟かけて、ふんぞりかえって教えを語ってきた」ことに対する恥ずかしさは、聞く側がありがたい存在として受け取ることが当然とされている読経行為の虚しさに起因するものであろう。いわば徳を極めた存在であるはずの僧侶として、部落差別にも気がつかず、結果として見て見ぬ振りをするも同然の己が他人に教えを説くなどということに耐えられないからだろう。しかし、この恥ずかしさの原因は、それにとどまるものではない。

そもそも、言葉を話す存在としての人間が運命づけられた、言葉を話すというその営みそれ自体にその原因があるのだ。誰しも、自分の口から発せられる言葉がどこか嘘臭く、本当に言いたいと思っていることを言っていないという思いにとらわれることはないだろうか。その不安から逃れようとさらに言葉を尽くそうとすればするほど、余計に己の偽善的態度への嫌悪感が増すというものだ。言いたいと思っていることを言葉にのせて表現しつくすことは、常に不可能なこととしてあり、その瞬間は永遠につかまえることができない。言いたい思いを「意志する」ことができるかぎりにおいて、人はそれを言葉にのせようと試みるのだが、これ以上厳密な表現はあり得ないという次元で言い表すことは、常に不可能事にとどまるということを実感するのは、そうむずかしいことではない。

たとえば、「善」とはなにか、〈私〉という存在にとっての「善」なるものを、言葉で表現してみればよい。善いことと悪いことの区別さえ、言葉によってこれ以上厳密にはできないほどの表現で言い表せたという実感は、おそらく永遠にもち得ない。むしろ、より厳密な言葉で言い表そうとすればするほど、「善」なるものの根源から遠ざかってしまうという感覚に囚われるのは、言葉が決して「善」なるものの根底に届くことはないからなのだ。

それどころか、その根底なるものが存在することさえ、実は確かなことではないという不安にかられることがある。言葉をつくせばそれに届くのではないかという期待が不安に変わるのは、「善」なるものが言葉では表現できるようなものではないことを意識するときだ。それは、むしろ言葉を発せずに沈黙することによってこそ、その輪郭にふれることができるのではないかと意識する瞬間だ。「善」なる行いを「意志せよ」と呼びかける、一種の「沈黙の声」のようなものがあるからこそ、人はそれを言葉にして語ろうという思いに駆られるのだが、いざ己の口から声を出して言葉にしようとするやいなや、それは永遠に不可能なのではないかという不安に駆られるのだ。

アガンベンの表現を借りれば、言葉を話す存在である人間のこのような経験こそ、話すことがそもそも「倫理的次元」にあることを示しているということになる。「〈声〉は、その本質においては意志である。純粋の〈言いたいと思っていること〉である」が、

〈声〉は何も語らない…それはただ言語活動が生起しているということだけを指示し言おうとする。すなわち、それは純粋に論理的な次元に位置しているのである。だが、それが人間に存在の驚異と無の恐怖を開き示す力をもつためには、この意志においてなにが鍵となるのだろうか。〈声〉はなんらの命題もなんらの出来事も語らない。それは言語活動が存在することを欲する。あらゆる出来事の可能性を内包した本源的な出来事が発生することを欲する。この意味においては、〈声〉は本源的な倫理的次元に位置しているのである。(アガンベン二〇〇九:一九九)

言いたいと思っていることを話そうとする言語活動。まさにその話すという行為が進行中に〈意志〉が生起しているのである。ただそのような意志がそこにあり、その意志が言語活動を生起せしめるという意味では、言葉を話すことは論理的な関係として捉えることができる。しかし同時に、沈黙の〈声〉によって呼びかけられるときに、言いたいと思うことを話そうとするのは、「あらゆる出来事の可能性を内包した本源的な出来事が発生することを欲する」ことでもある点で、それは倫理的次元にあるというのだ。たとえば、「善」なるもののあらゆる出来事の可能性を内包する本源的な出来

事の到来を望むことは、発話者の意志において何が善であるのかを決定するという意味で、まさしく倫理的次元でしかなされ得ないのだ。

ところが、言葉を話すことによって真の「善」なるものに到達することはなく、それは沈黙によってしか触れ得ないと確認できるものにすぎないというのである。「言われることがないままに純粋に言いたいとおもうこと、良心をもつことがないままに純粋に良心をもとうと意志することの意味次元」（同書一四六ページ）でのことなのだ。すなわち、「良心は、その呼びかけにおいて、厳密にはなにひとつ言葉を発することはしないのであって、「もっぱら、そしてたえず、沈黙という仕方で語る」からである」（同書一七ページ）。言葉を話すという言語活動の生起が、こうした意味次元・倫理的次元にあるからこそ、良心や「負い目」の経験として人間は受け取らざるを得ないのだろう。

だが、良心なるものを有する存在たる人間像を築き上げたのは、まさに意志をもつはずの己自身ではなかったのだということを発見したときの驚きはいかばかりか。なぜなら、すぐさま無の恐怖にも転じうるのだから。この世に生み落とされた存在としての己が経験する良心の起源が、〈無〉であることへの不安。「ダーザイン（[Dasein 現存在＝人間]）は自《みずか》ら根拠を築いたのではないにもかかわらず、その重みに支えられている。そしてその重みがダーザインに「重荷だな」という気分を生じさせるのである」（同書一八ページ）とすれば、まさにここに生存していることそれ自体が、「生存しているだけの存在と言葉を話す存在との運命的な結びつきのなかで構成された罪過」（同書二〇七ページ）として、人間に負い目を感じさせ続けることになるわけだ。

さて、この世に存在することの「驚き」が、こうした「負い目」「重荷」「罪過」の感覚として立ち現れるとき、それらの感覚は「恥ずかしさ」を起動する潜勢力として内面に宿ると捉えることができよう。それでは、無の「恐怖」の感覚は、どのようなものとして立ち現れると考えるべきなのだろうか。先回りして言えば、それは「無常」とか「もののあわれ」といったかたちで、「かなしみ」の起源となりうるものではないだろうか。

竹内が引用する、西田幾多郎の次のような件に注意してみよう。

哲学は我々の自己の自己矛盾の事実より始まるのである。哲学の動機は「驚き」ではなくして深い人生の悲哀でなければならない。(「場所の自己限定としての意識作用」、竹内二〇〇九：二七より)

哲学的探求の起源を、存在の驚きに置くのか、それとも無の恐怖に置くのかでは、その進むべき方向はまったく異なったものになるのではないか。前者の道を進むことを選べば、このようになる。

哲学は必然的に自らの始まりを「驚異」のうちにもたざるをえない。すなわち、つねにすでにその慣れ親しんだ場所から抜け出していなければならず、つねにすでにその場所から疎外され切断されていなければならない。(アガンベン二〇〇九：二一七―八)

そのような哲学者とは、「言語活動によって不意を襲われ驚愕させせられて、つまりはその慣れ親しんだ住処から言葉のなかへと脱出して、いまや言語活動が彼に到来した場所に立ち戻っていかなければならない者のことである」（同書二一八ページ）のだ。慣れ親しんだ場所というのはエートスと呼ばれ、慣習をも意味する。ここでは、慣れ親しんだ住処に帰るというのは、沈黙の〈声〉のもとに戻ることである。哲学は、常になにも語らずに沈黙のなかで呼びかけてくる〈声〉に応答する意志を持ち続けることだが、実はそのような場所は、いわば底なしの場所であって、決して到達できない非＝場所でもあり、その探求の身振りをやめることは、哲学者であることをやめることになるというのだ。

底なしの場所を覗きみることは、確かに恐怖以外のなにものでもないだろう。だが、哲学者を自称しながらも、その恐怖を逃れる方法がないわけではない。それこそ、「かなしみ」の美学へと意識を向けることではなかろうか。そしてそれが「日本的美意識」（竹内二〇〇九：一七三）であるということは、何を意味すると考えるべきなのだろうか。そのような美意識について語られた言葉どもは、とても饒舌なのも気になるところだ。

存在の驚きは沈黙へと、そして無の恐怖は饒舌へと逃走することによってしか克服されないものであるかのようではないか。「かなしみ」の日本的美意識なるものを日本人的精神として取り出すことができれば、精神的葛藤へと逃げ込むことによって己が罪の意識から逃れられるという、一種のナルシシズムの出現まであと一歩なのだ。

そのようなナルシシズムに陥ることなく、しかも哲学者を自称せずとも、哲学的思考を続けることに大きな意味を見出そうとする者は、どのような身振りを心がければよいか。一つの答えとして、「言語活動も、言葉で表現できないもの［「感覚的確信のあらゆる言いたいとおもっていること」］を、言葉で表現できないと言い表すことによって、すなわち、それをその否定態において受け取ることによって守護する」（アガンベン二〇〇九：四三）というのはどうだろうか。このような、慎み深さを失わない感性をもち続けることこそ、己を恥ずかしい存在として認識する者のとるべき態度であると言えまいか。

「自分のものでありながら自分のものでないようなもの」とはまさに「物語的自己」の感覚である。そして、（自分のものでありながら自分のものでないようなものに立ち会わされているような）恥感覚の喪失と、（他者の権利の侵害は避けられないことだったという罪の意識の肥大化による）自己愛的な精神的葛藤との関係は、（「場」から外れる）恐怖感と「ものの哀れ」に逃げ込む姿勢の関係にきわめて近いのではないか。そもそも権力を持つ者の「命令」を何の疑問もなく受け入れる者たちは、場の規範に全面的に降伏している（＝自己の選択によって、いわば「契約的に」選好している）のであり、「引き受けられないもののもとに引き渡されている」という恥の感覚を起動することはできないのだ。「場」の規範は所与のものとして在り、たとえその規範を選んだのは紛れもない自分であることには目をつむっていることになるにもかかわらず、それら規範の構成に己自身が積極的に関与しているなどという意識はまったくないのである。それはまさに、自分のものでありながら自分のものでないようなものに立ち会わされている状態であるにもかかわらず恥ずかしくないのは、それが恥の感覚ではなくて（「場」から外れてしまうことの）恐怖の感覚になってしまっているからだと言えまいか。

「引き受けることのできないもののもとに引き渡されること」がなぜ恥ずかしいのか。それはもちろん、隠したいものを隠す力・状況を打破する力の欠如を意識させられるがゆえの恥ずかしさである。たとえば、己の信じ求める「より善き生」が断絶される状況に強制的にさらされるとき、すなわち引き受けることのできない判決・命令などの受諾を強制されるとき、その状況を打破する力の欠如（己の恥）を意識すれば恥ずかしさを感受するのだ。なぜなら、己の信じる「より善き生」とは相容れない判決や命令のもとに引き渡されている自分が無力だと感じるからだ。「より善き生」との距離を縮める勇気のない状態（＝勇気・力の欠如）は、まさに己の恥として現れるのである。

同様にこの恥ずかしさの感情を他者の身振りに垣間見たときには、嫌悪感となって現れることになる。すなわち、状況を打破しようという力があるにもかかわらず行使しない立ち居振る舞いのなかに、卑怯さ・卑劣さを感じ取るからである。また、引き受けることのできない判決、引き受けることのできない命令といった、一方的に力によって押しつけられる状況を引き受けることができないとき、人はその状況を押しつけてくる他者を、卑劣で恥ずかしい人間として捉える。アガンベンによる「引き受けることのできないもののもとに引き渡されること」という恥ずかしさの定義は、己の行為・在り方に対する恥ずかしさを説明できるにとどまらず、他者の行為・恥ずかしさに対して感じる恥ずかしさをも説明できる点において、すぐれた定義であるということができる。

第三章　「話すこと」の負い目

「話すこと」を止めることができない存在としての人間

恥ずかしさとは、アガンベンによれば「引き受けることのできない受動性に引き渡されること」（アガンベン二〇〇一：一四八）であるが、「主体化にして脱主体化という、この二重の運動が、恥ずかしさである」（同書一四二ページ）とも説明される。脱主体化というのはまた、「脱責任化」（同書一五二ページ）とも言い換えられる。そしてこの「恥ずかしさ」がそのまま、「話すこと」にきわめて近い構造を持っていることが指摘される。

> 話すということ、証言するということは、あるものは底まで行って、完全に脱主体化し、声を失ってしまい、あるものは主体化して、語るべきものは――身をもって体験したこととしては――なにもないにもかかわらず話す（「身をもって体験せずに傍らから見たことについての話」）という、めまぐるしい運動に入ることを意味するということである。すなわち、そこでは、言葉をもたない者が話す者に話させているのであり、話す者はその自分の言葉そのもののなかに話すことの不可能性を持ち運んでくるのである。
>
> （アガンベン二〇〇一：一六三―四）

本当は、実際には話すことなど何も体験していないのに、あたかも実際に体験したかのように話すことは、「恥ずかしい」ことである。つまり、一種の「不正」なのだ。しかし、見かけ上は、話している者は、自らが「話す主体」として話しているかのように話す。すなわち主体化のプロセスを経験するのである。それは誰のために話しているのか、誰のために証言しているのかと言えば、ムーゼルマンのように底の底までたどりついてしまった（「脱主体化」のプロセスを経験してしまった）がゆえに、声を失って話すことができなくなってしまった者たちのために話して（＝証言して）いるのである。ムーゼルマンとは、死の収容所のなかで、一切の感情をもつことなく、また感情を表現するすべをも完全に失ってしまったように見える者たちを呼ぶ隠語である。

アガンベン（二〇〇一）は、「恥ずかしさ」は罪の意識に由来するものかどうかという問題を、語るすべさえ失った者たちの「証言」との関連で説明している。すなわち、アウシュヴィッツから解放されるに際して湧き上がったのは、喜びよりもむしろある種の「恥ずかしさ」であったとする、プリーモ・レーヴィの証言をどう解釈するかという問題として考察するのである。

この点に関して筆者の考えをあらかじめ述べておきたい。ムーゼルマンを見続けてきた者たちが、自らが解放されるに際して感じる「恥ずかしさ」は、外面のみっともなさの基準としての「羞恥」の感情とは明らかに異なる。いわば、解放に際して、その状況そのものを「恥ずかしい」と感じるのは、〈宿罪〉の意識に由来する「廉恥（心）」を失いつつあった自分を発見したときの「恥ずかしさ」なのではなかろうか。たとえば、ロシア兵によって解放されたときに失われるのは、ムーゼルマンとして現前することで彼らを見る者たちに、自分は「廉恥心」を持っているのだということを常に確認させてきた（すなわち、見る者に対して常に廉恥心を起動させる存在としての）ムーゼルマンのような存在を、解放されるという喜びのあまりに忘れ去ってしまうことに対する恥ずかしさの感情ではなかったかと思うのである。すなわち自分だけが解放されることによって、自分の幸運を喜ぶあまりに他者の存在を忘れてしまうような自分を恥ずかしいと感じてしまうことに起因するのではないだろうか。レーヴィはその感覚を「罪」の意識として捉えたのではないか。

もちろん、誰も進んでムーゼルマンになりたいと願う者はおそらくいなかったであろう。しかし、極限的状態のなかで、ムーゼルマンを直視することを強いられ続けるとき、同時にその人間たちをムーゼルマンに貶めた他の人間たちの行為が「破廉恥」なものであることをも、認識し続けることになったのではないだろうか。いわば、あらゆる人間的感情を奪われたムーゼルマンは、彼らを見る者たちにとっては、一種の「第三者の審級」を体現する存在として現れてくるのではないだろうか。つまり、彼らを見るたびに、人間性を奪う暴力を行使する人間たちは許しがたいという廉恥の感情を常に抱き続けることを強いてくる存在としてのムーゼルマンから永久に逃れたい、という観念上の（そして無意識の）欲望が、解放されるに際して湧き上がってきた恥ずかしさの原因だったのではなかろうか。なにせ、「良心には弱さがある」と考えるのが人間なのだから。しかし解放されようとするまさにそのとき、ムーゼルマンは、人間が「廉恥心」を失うことを告発する存在として現前するのではないだろうか。

話すこと、そして証言することは、なぜ「恥ずかしい」ことなのか。結局私たちのような「生物学的な生を生きている個体は言語を完全に失うことによってのみ言語をわがものとし、沈黙のうちへと底抜けに沈んでいく場合にのみ言葉を話す存在となる」（アガンベン二〇〇一：一七五）ことを運命づけられているのだ。

生物学的な生を生きている存在と言葉を話す存在のあいだの関係（あるいはむしろ無関係）が恥ずかしさという形、引き受けられないものへと相互に引き渡されているという形をとっているために、この隔たりのエートス［固有の圏域］は、証言以外では――主体にゆだねられえないもの、しかもなお主体の唯一の住居、唯一可能な内実をなしているもの以外では――ありえないのである。

（アガンベン二〇〇一：一七六―七、強調傍点菊池）

これが本当ならば、私たちがあたかも「話す主体」であるかのように感じるのは、錯覚にすぎないことになる。しかし実際には、私たちの社会的制度の多くは、個人は自律・自立した「みずからの意志で話す主体」であることを前提に組み立てられているといっても過言ではない。その証拠に、沈黙は敗者の標でしかなくなっている。バートルビーの物語は、そのことをよく伝えている。

ハーマン・メルヴィルの小説『バートルビー』は、法律事務所に雇われている男の話だ。時代は一九世紀半ばで、もちろんワープロやコピー機など有りうべくもない頃の話であるから、訴訟に関わる文書類はすべて、人の手によって書き写さなければならない。バートルビーはその仕事のために雇われた男であるが、彼は所長から書類の照合など何かを頼まれたりすると、「しないほうがいいのですが（I would prefer not to）…」という、日常会話としてはとても不自然な言い回しで答えるのが常である。何を頼んでもこの調子であるから、ついに所長は彼を解雇したいと考えるようになる。ところが、カネを渡してもそれとなく脅しをかけても、彼はいっこうに動ずる気配もなく、事務所を出て行くことさえ「しないほうがいいのですが…」と、自ら出て行くこともない。しかし事務所が入っている建物の大家たちの差し金で、彼は浮浪者として監獄に収容されてしまう。だが彼はそこでも、一貫した調子を保ったまま、ものを食べることさえ拒み、最後には横たわって死んでいるのが発見されて、物語は終わる。

バートルビーについてのアガンベンの論評の一つ（二〇〇五）のなかに、「存在しないこともできたが存在したものは、存在することもできたが存在しなかったものと見分けがつかなくなる」（アガンベン二〇〇五：八四）といったくだりがある。人は、命を絶つ（あるいは絶たれる）ことによって存在しないこともできる一方で、命を絶たない（あるいは絶たれない）ことによって存在し続けることもできる存在であるが、バートルビーは例の決まり文句を発することによって、また最後には「自餓死」（辺見二〇〇七：一四二）することによって、そのことを私たちに知らしめているのではないか。

バートルビーのしていたのは、「仕事」として与えられた法律文書の書き写しであった。しかし、本人には、それが仕事だという意識はなかったようにみえる。なにせ彼にとっては、筆写すること自体が生の営みだったのであり、金銭を得るための仕事になってしまえば、それは偽善的に生きることを意味するのである。しかし、雇い主である法律事務所の所長からすれば、それはあくまでも賃金と交換されるべき「仕事」でなければならないのだ。いかにバートルビーがそれを拒もうとも（彼はお金にはまったく関心を示さなかった）、周囲はそれを「仕事」として押しつけようとした。結局その圧力に耐えることができなくなったとき、「自餓死」することしか、選択肢はなかった。

バートルビーは何ゆえに、あの「しないほうがいいのですが…」という定式を口にするのか。メルヴィルのペンも、なぜバートルビーがそのような定式以外口にすることがなくなったのかを、彼の深層心理にまで踏み込んでは説明していない。ただ、物語を閉じる最後の部分で、不確かな噂話として伝えられているとして、彼はかつて、宛て先が不明で配達不能な手紙などを扱う部署で働いていたが突然解雇された、との話を書き加えているだけだ。悲喜こもごものさまざまな人生を背負う人間たちが書き、投函され、結局は配達されなかった手紙たちに日々向き合うことの無常感を漂わせるかのごとく、最後は「ああ、バートルビー！　ああ、人間！（Ah Bartleby! Ah humanity!）」という表現で終わっている。

アガンベンは、この定式の「還元不可能な性格」の由来を、「何かを絶対的に欲するということのないままに為すことができること（そしてまた、為さないことができること）に成功した」（アガンベン二〇〇五：四二）ことにあるとみている。また、ドゥルーズは、この「決まり文句はあらゆる言語行為を骨抜きにし、同時に、バートルビーを完全に排除して、彼にはいかなる社会的地位もあたえられないようにしてしま」い、バートルビーは「基準とすべき背景がなにもない人間になる」（ドゥルーズ二〇〇二：一五二―三）と解釈している。法を後ろ盾にして勇ましく闘うのは、たしかに正しい。一方でバートルビーの「黙り」は、法の後ろ盾なしに、法の力に頼らずに、すなわち「基準とすべき背景がなにもない人間」として、たった一人で闘っているという意味において、徹底した単独行なのだ。

このように、彼の定式の意味をなにものにも還元不可能なのは、彼自身が、自らの言い回しの意味を理解しているのでもなく、またその言い回しによって何かを伝えようと意識しているのでもなく、またいつも同じ言い回しをしているそのことさえ、彼は意識していないからでもある。自分の意識の外で、自分の知り得ないところで、自らの言い回しが口から発せられてしまう、いわば無意識的状況がそこで起きているだけなのだ。

しかし、話す（＝証言する）ということが「恥ずかしい」体験であることを知らない者たちは、ますます声高に、果てしなく話し続けることのできる者たちにちがいない。彼らにとって、バートルビーの沈黙の背後にはこうした意味での恥ずかしさの感情があった（と筆者は考える）ことなど、理解されるべくもないのだ。おそらく、まさか自らの話す行為が、よもや「臆面もなく完璧な脱責任化の恥ずかしい体験」（同書 一五二ページ）であるなどとは思いもよらないだろう。

そして、その鈍感さに平気でいられるのも、そもそも私たちの口から発せられる言葉を支える言語こそ、「嘘」を可能にする制度にほかならないからでもある。話すことの「恥ずかしさ」を知らない者たちは、言語を明晰性きわまる鋭利な道具たらしめ、あきらかな嘘でさえ「ドグマ的真実」に仕立て上げることを可能にするのだ。

恥知らずに話し続けることができる者たちに、話すことは恥ずかしいことなのだということを理解させるのは困難である。であるならば、華々しく威勢のよい明晰な言葉どもの陰に見え隠れする権威臭を覆い隠す言語の嘘を暴くための有効な方法の一つは、おそらく、その明晰性の脆弱さを暴く力をもつ、曖昧性をぶつけることなのである。話すことの恥を知らない言説は、得てして明晰な論理と語彙で武装されていることが多いからだ。その意味で、一方では「明晰性へと直進しつつ、黒いユーモアと優雅な文体とで曖昧なものを再び導入して明晰性と均衡を取る」（ボロン 二〇〇二：一二七）というエミール・シオランの態度は、バートルビーの定式ともつながっていると言えよう。

明晰かつ鋭利な表現で武装するドグマに対して曖昧性をぶつける戦略は、より広い解釈が可能な曖昧なものをぶつけることによって、明晰性の根拠の脆弱さを暴く方法と言えないだろうか。すでにふれたバートルビーの「しないほうがいいのですが…」という、何を言いたいのかも分からないような曖昧な定式には、そのような力があるようにみえる。そしてそれは、「みっともなさ」の〈準拠〉の横暴に対抗できる有効な手段としても通用するのではなかろうか。決して声高に不正を告発するのではないが、不正に対する、静かな、しかし個としての徹底的な拒否の手段として。

羞恥心の肥大化

語るべき内容としての一切の体験をもたない、単なる生物学的生を生きる個体は、いわば語ることを強制されている（＝語ることなくして〈私〉が存在することができない）状態にあるが、自らの言葉で語るべきことなど何もないということを自覚するがゆえに、本当は語り（＝騙《かた》り）たくない。すなわち、その代理役を引き受けたくはない。しかし、本来は実際に語る内容を有する者はすでに言葉を失っている以上、彼らの存在そのものが、その個体に語る（＝騙《かた》る）ことを強制する。すなわち、「引き受けることのできない受動性に引き渡される」状態へと届けられるのだ。しかし、そのような者たちは語る言葉を永遠に見つけられずに沈黙してしまうか、さもなくば常に廉恥の感情によって慎み深くなるよう制御されながら、その語る（＝騙《かた》る）ことの恥ずかしさに耐えながら語ろうとするしかないのだ。一方、そこで恥ずかしさを感じない破廉恥な者たちは、いっそう饒舌に騙《かた》ることができる。

言葉を話すとき、「人間は、つねに人間的なもののこちら側か向こう側のどちらかにいる。人間とは中心にある閾《いき》であり、その閾を人間的なものの流れと非人間的なものの流れ、主体化の流れと脱主体化の流れ、生物学的な生を生きている存在が言葉を話す存在になる流れと言葉＝ロゴスが生物学的な生を生きている存在になる流れがたえず通過する」（アガンベン二〇〇一：一八四）とき、この「中心にある閾」は、「この隔たりのエートス［固有の圏域］」であり、それは「証言以外ではありえない」。そして、「わたしたちの自己自身との非‐一致をあらわにする内密性こそが、証言の場所」なのである。しかし、その証言の場所で、語る資格のない自分が語らねばならないことが恥ずかしいのだ。そのような自分が語る（＝騙る）ことは、本来は、破廉恥な行為なのである。語る（＝騙る）ことの恥ずかしさを知らぬ態度が常態になると、「存在は剽窃である」（辺見庸二〇〇八：二八）とさえ言いうるような醜悪さを呈することになるのではないか。

そしてそもそも、「引き受けることが出来ない受動性に引き渡される」というのは、結局は、自分ではいかんともしがたい、償いようのない罪を背負って生きなければならない状態に置かれるということなのではないか。その意味では、私たちの生とは、そのような〈宿罪〉を一生背負い続けることなのである。しかし実際には、それが破廉恥な行為であるとは認識されない（あるいは、それを忘却しなのだ。

ている）というのが、現実の政治空間における「自らの意志で語る主体」とされる私たちの在りよう

　たしかに、廉恥と羞恥の違いを意識しないと、恥ずかしさの感情を（一般的意味での）罪の意識で説明することは不十分かもしれない。しかし、たとえば、赤ん坊のような「無防備な弱い他者」に暴力を振るうことに対して躊躇する、一種の罪の感覚に似た恥ずかしさの感情は、いまだ現代社会では失われていないと考えたい。それは倫理的な理由からだけではなくて、そもそも人を殺めることに対する、一種の「罪の無意識」（契約的な意味での犯罪を犯したという意識ではない、無防備な他者を殺めることを制御するような無意識の直感）とでも呼べるようなものが残っているのではないかと思うのである。仮に人間がそうした感情をすべて失ってしまうなら、殺人を犯した者が、事後に悔いることも不可能になってしまうだろう。「罪の無意識」というのも矛盾した言い方だが、ややもすれば自分より力の劣る者を強制力で打ち負かすことに鈍感になりがちな人間のもつ、〈宿罪〉に対する負い目の意識が、慎み深さという抑制力を生み出すのではなかろうか。

　だが問題は、自らの破廉恥な振る舞い、あるいは他者の破廉恥な行為に対して、恥ずかしいという感情を起動させることなく済む者たちも、たくさんいることだ。一般的な意味での罪の意識とは無関係に恥の感情が生起する構造については、アガンベンの説明が妥当であることは理解できる。しかしそれは、破廉恥な行為を目の当たりにして、ある者たちはなぜ、それを破廉恥な行為だと考えないのかということの説明にはならない。

　ある者たちが、「人間的」ではないから？　あるいは、「人間性」を喪失してしまったから？　もち

ろん、それらは十分な答えとは言えない。それは、「人間（性）」という観念が曖昧なまま用いられており、定義の根拠も不十分だからという理由だけではない。

むしろ、なぜ、大澤（二〇〇八b）の言う「関係性」に巻き込まれないで平気でいられるのか、つまり、そもそもそうした関係性のもとにあることを意識せずにすむようになるのはどうしてなのかが問題なのだ。逆に言えば、そうした関係性にあることを意識せずにはいられないという状態を恒常的に維持することは不可能なのか、という問題でもある。

アガンベンが言うように、人間は「証言の場」を行きつ戻りつする存在であるとすれば、人間らしからぬ行為を平気で為し得るような者たちは、赤ん坊を前にしてなお、自分こそが無防備で弱い者であると認識しているのではないだろうか。通常廉恥心が働けば、自己の内部にある批判的精神の告発によって、（絶対的存在としての）赤ん坊を抹殺したいという感覚に襲われることはないだろう。しかし、「無防備な弱い他者」であるはずの目の前にいる赤ん坊こそ、自己の精神を打ち負かすほどの最も強い他者として現れていると感じるとき、躊躇なく赤ん坊を殺すことができるのではないか。

ちなみに、赤ん坊に最も強い者の姿をみることは、それほど特殊なことではない。たとえば、ドゥルーズは、D・H・ロレンスの『詩集』所収の「亀の赤ん坊」という詩篇に即して、次のように書いている。

闘いとは、反対に、力を力で補完し、みずからの捕らえるものを豊かにするあの力強い非-器官組織的な生命力のことである。赤ん坊が呈示しているのはこの生命力、すなわち、執拗で頑なで飼い慣らしがたく、あらゆる器官組織的な生とは異なる、そんな生きる－意志である。幼い子供となら、人はすでに器官組織的な人称的関係を結んでいるが、舗石を打ち砕くエネルギーをその小ささの中に集中させている赤ん坊に対しては駄目である。赤ん坊に対して人が結ぶのは、ただ情動的、体操的、非人称的、生命的な関係だけである。

（ドゥルーズ二〇〇二：二六三―四）

闘う生命力、生への意志を身体全体で呈示する赤ん坊を前にして、自分のほうが「弱い他者」であるとの認識しか持てなくなるとすれば、たとえ相手が赤ん坊であっても、抹殺の対象となってもおかしくはないのかもしれない。ただしそれは、「廉恥」の死を意味することを忘れてはならない。そのとき、羞恥心は限りなく肥大化していくことは避けられまい。なぜなら、すでに示唆したように、廉恥と羞恥は「恥ずかしさ」という連続した状態のそれぞれ両端に与えられた名称なのだから。

ここには、死刑願望を満たすために他者を抹殺するのはなぜかを考えるヒントがあるのではないか。廉恥心が起動すれば、死刑を求めて他者を殺すことは難しくなるはずだが、廉恥心の希薄化は、羞恥心の肥大化と一体であり、自己を批判的に見る批判的精神の喪失でもある。通常は、自己を責めたてる（＝攻めたてる）他者を抹殺すれば、自己を批判する者がいなくなるので、それで自己の命は安泰である。しかし、そのような他者すべてを抹殺してしまったと勘違いするとき、同時に、自分が他のどの他者よりも強くなってしまうことへの恐怖の念が生じてくるのではないか。結局自分より強い（＝正しい）ものはいなくなるからである。だから統制不能になる自己より強いものに、自己を抹殺してほしいと考えるようになるのではないか。自分が最も強いものであるのだから、自分で自分を殺すことは不可能である。すでに、内面的自己としての、もう一人の自己である批判的精神は存在しない。したがって、自己を抹殺するのは、他者でなければならない。この場合は、国家権力がそれである。

偽名の〈私〉

ところで、「ロスジェネ」世代による論調に顕著なことの一つは、身近な存在である者たちに対する嫌悪の感情の表出である。『ロスジェネ』創刊号にみられる赤木智弘や大澤信亮の発言には、(国家権力の体現者たちではなくて)自らの周りで目にする(本来は同胞たりうるべき)「正規雇用者」への敵意が語られているし、杉田俊介によれば、赤木氏の「希望は、戦争」の根底には両親に対する怒りと殺意が横たわっており、『生きさせろ!』の雨宮処凛にも両親への不思議な冷淡さが垣間見えるという。

親に対する同種の感情は、幼女連続殺害事件の(ロスジェネ世代とは言えないが)MT元死刑囚による「母の人」「父の人」といった、本来の両親ではない偽者という意味合いを込めた表現にも見られた。また父親の自殺の報に際して「胸がスーッとした」というMTの表現に触れたとき、そこに自らの似たような思いを読みとって、「なんで死ぬねん。これから今までの復讐をしてやろうと思ってたのに!」(篠田二〇〇八b:一〇二)と、自らの父親の死に際して嫌悪の感情を吐露した奈良幼女連続殺害事件のKK確定囚の場合もそうであり、また池田小事件のTM元死刑囚の場合も、両親に対する激しい憎悪感情をむき出しにしていたという。「親、とくに父親を激しく憎悪した点」(同書一七九ページ)がこの三人に共通するという指摘は、やはり慎重に考察しないわけにはいかない。

親に対する嫌悪の感情をいだくことは、もちろん決して珍しいことではない。いや、誰でも成長の過程でそうした感情を一度ならず抱いたことのない者などいない、と言ってもよい。しかし、そのような嫌悪の感情を激しい憎悪にまで育て上げ、実際に殺人を犯すまでに至る者がほとんどいないのも、また事実なのである。杉田（二〇〇八）はこうした状況を「日々の実践の謎」（四一ページ）と呼んでいる。

人を殺したいと考えたこともない、いわば恵まれた人びとへの嫌悪感。そして身近な存在である親、さらに自らの視界圏域にいる者たちへの嫌悪の感情が、この世代の若者たちにとってはいかに強いものであるのかを思い知らされる。杉田は、この世代感覚を、「希望は、戦争」という赤木智弘への応答というかたちで、「卑近な親との戦争を通過し損ねているがゆえに抽象的な戦争希望に迷い込んでしまう」（同書四一―二ページ）のではないかとも記し、この問題はいわゆる、〈父〉をめぐる問題であることを示唆している［註：後述のロルティ事件参照］。

身近な者への嫌悪感が、一直線に「種」としての人類一般への憎悪の感情へと結びつくのはなぜなのか。身近な者への嫌悪感がいかに強くなっても殺意は解消されうる一方で、人類一般への憎悪感情の増幅が容易に殺人にまで至ってしまうのはなぜなのか。それがここでの問題だ。

なぜ、身近な者たちへの嫌悪感が強くなるのか。身近な者たちは、なによりもまず、言葉を「話す存在」である。ところが、親への嫌悪感が極大化した状態では、ＭＴによる「母の人」「父の人」という表現に顕著なように、現前する生身の「話す存在」としての親は、偽名で語る偽者なのである。

現前において、人の形をして話す者たちが、偽名で語る偽者であると捉えられるとき、すなわち〈信〉の関係を欠いている存在であることが暴露されてしまうとき、その者たちが話せば話すほどに、またそれが正当性を押しつけるものであると感じられれば感じられるほどに、嫌悪感が増すことになりはしないだろうか。

このような感覚は、決してMTにのみ固有のものであると考えるべきではない。いや、むしろ、そもそも「話すこと」とは、話す者である人間たちによる、偽名で語る偽装の饗宴であるとの認識の広がりを示しているのであり、それはまったく新しい事態なのかもしれないのだ。すなわち、新しい「内面」の広がりである。

もちろん、偽装という現象そのものに、新しさはない。食品の成分や産地、建物の耐震構造計算、はたまた談合、教員採用、公務員の不正行為および不祥事の隠蔽…、そこにはなにも新しいものはない。今や、特捜検事による証拠資料の改ざんさえ明るみに出る時代である。新しいのは、偽装が日常生活のあらゆる領域において浸透しているのではないかという、強い疑念の広がりである。個々の人間たちによる不正はかつて例外的であったものが、いまや常態化しているとの認識の広がりこそが、新しいのだ。そして、その疑惑の目は、最も身近な存在である親に対しても向けられるという現象。〈信〉の置かれるべき精神的空間が存在しないことを、幼い頃から見せつけられるとしたら、その「内面」もそれに対応できるものになっていくのは必然であろう。

確固たる話す意志をもつ「話す主体」というものが存在するのだ、と広く信じられていたころは、まだ幸福であった。裏切りなき愛を限りなく注ぐ存在としての親、親をそのような存在として信じることができる子どもは、幸福である。嘘をつかない教員、嘘をつくはずのない裁判官、そして嘘を取り締まる責務を果たすべく期待される警官や検事。彼らの存在を信じることができる子どもは、おそらく幸福である。彼らが高い倫理観を有する存在であると信じることができれば、子どもたちは幸福である。そうした信の関係が保たれるのは、まずもって、最も身近な存在としての親に対する信頼が失われていないことが前提であろう。

そのような信頼の関係が崩れてしまうのは、「話す主体」としての彼らが、「嘘」をついていたということが明らかになったときである。なぜ、親は、嘘をつく存在として現れるに至ったのか。しかしそれを、単なる親たちの道徳観の低下として、すなわち個々人の責任として議論することは不毛である。むしろ、親たちのつく嘘は引き受けることができない、と子どもたちに認識されるようになったのはなぜなのかということが、明らかにされなければならない。

人は、話すとき、そもそも何を話すというのか。たとえば、子どもたちにとっての学校の教師たち。彼らは、子どもたちに何を語りうるのか。筆者自身の自戒の念をこめて考えてみるに、子どもたちに成績をつけることが求められる一方で、成績評価は人格評価ではないことを語らなければならない「先生」という存在がある。学業成績や学歴で人を判断することの誤りを語りつつ、より偏差値の高い学校への進学を目標に掲げる先生もいる。職業に貴賤はないのだと語りつつ、目指すべき職業をそれとなく暗示する先生たちも少なくないだろう。そのような先生たちは、いったい、子どもたちになにを語っていることになるのか。学歴と人間の価値は別である（はずだ）と語るとき、何を根拠に語っているのか。勝ち組とか負け組といった分類で人を区別するのは間違っていると語るとき、何を根拠に語っているのか。高学歴で勝ち組であることが、より幸福を保証される現実があるのに、何を根拠にそれが誤りだと語っているのか。実は、そうした語り口が倫理的に正しいということで先生たちは語るのかもしれないが、そこに偽善のにおいを嗅ぎとってしまったのが、いまの子どもたちなのではないか。

おそらく、そうした高尚な倫理観とは程遠い現実界において、何が本当に間違っているのかを、底の底にたどり着くまで突き詰める教師は、おそらく、現実とのあまりの乖離に言葉を失い、語る言葉を見つけることができなくなるのではないか。子どもたちに点数をつけることは何を意味するのか、そのことを徹底的に考えると、少なくとも現実社会でその点数がどのように利用されるのかを見極めるならば、おそらく教師は務まらなくなる。実際に筆者の友人はそのことに耐え切れずに教師を辞めている。教師を続けることができるのは、そのような現実に目をふさぐか、さもなくば常に懐疑主義的立場を見失っていないのだと自分をごまかしていられるかのいずれでしかない、とも思う。そして、もちろん後者の場合であっても、結局は偽善なのである。かくいう筆者もそんな一人だ。子どもたちの目には、現実界の矛盾に目をつぶっている教師たちがほとんどだと映っているのではあるまいか。実は、それは教師たちだけではなくて、親をもふくめた大人たちのほとんどがそうだと映っているのではないだろうか。

そのような認識が広がっている社会空間においては、「話すこと」は偽証にならざるを得ないということに、ますますもって耐えがたくなると思われる。だれが本当に真実（と信じること）を語りうるのか。もちろん、真実なるものは、誰もそれが真実であるかどうかを判断できないのだから、この問い自体は成り立たないとも言える。したがって、子どもたちとのあいだに信に基づく関係を築こうとするときに、何を語りうるのか、と問うべきかもしれない。原理的には、話すことは偽証でしかありえないとしても、信を築こうとする意志があるかどうかは問いうるはずだ。そこには、話す者としての「責任」がかかわっているからである。最初から話すことに責任をもたないとすれば、それは信に基づく関係を築くことを放棄していることになる。

有識者を自認する者たちの言葉に、「無責任」な感覚を味わった経験がない人はいないだろう。もちろん、子どもたちからすれば大人、市民からすれば政治家や官僚の言葉に対しても。宗教界も例外ではない。信者へのセクハラ行為を恥としない聖職者、資本主義の論理に浸りきった騙《かた》りを恥としない僧侶もめずらしくない昨今だ。詩作に興ずることを、「臆面もなく完璧な脱責任化の恥ずかしい体験」（アガンベン二〇〇一：一五二）だと感じたことが一度たりともなくして「詩人」を演じ続けられる者がいるとすれば、相当図太い精神の持ち主であろう。話すことは、自らが語りの主体であろうとする営みである一方で、実は、語る行為およびその内容に対して、ある意味で自らの責任を放棄することでもあるのだ。そのことを、恥ずかしいと思う精神がまだ私たちに残っているのかどうか。人が語るときの、「主体化にして脱主体化（＝脱責任化）という、この二重の運動が恥ずかしさ」（同書一四二ページ）であるとするならば、逆にそうした恥ずかしさを感じることなく、声高に語ることができるのならば、それこそ偽善でなくてなんであろう。

ここで誤解してはならないのだが、話すことの一切が偽証でしかないとしても、「話すな」という結論を導く必要はない。そうであるにもかかわらず、私たちは、話すことを運命づけられている存在なのだ。なぜなら、話すことのうちにしか、そもそも〈私＝わたし〉なるものが存在することができないからである。アガンベンがバンヴェニストを引いて、「わたしは「わたしを含む現におこなわれている話［言述行為］を言表している人」を意味する」（同書一五七ページ）というのは、そのことを指している［註：日本語訳のバンヴェニスト（一九八三）では、「わたしは、《わたしを含むいまの話《わ》の現存を言表している人》を意味する」（二三五ページ）となっている部分］。

通常は、「話す主体」なる、確固たる意志をもつ個体があらかじめ存在しており、その話す主体が意図することを語る、というように理解されている。たとえば、学校で作文を書かされるときにその作業を命じる先生も、また実際に書かされる子どもたちも、そのような関係性を無意識に信じているのではないか。しかし、〈私〉と同一性を有する本性のようなものが存在するかどうかは、実はあやしいのだ。そもそも、すでに完成された〈私〉なる本性的なものが確立されているなどと憚ることなく公言できる者は、かなりの幸せ者だ。

〈私〉は、現に何かを語ったり書いたりするその行為そのもののなかにしか現れない、というのはどういうことなのか。それを実感することは、実はそれほど難しいことではない。たとえば筋ジストロフィー患者として生きる若者の次のような意見をみられたい。

死にたいと思ったことはありませんが、高校を卒業してからしばらく、何に対しても無気力な時期がありました。障害が重くなって私にとられる時間が増え、母の一日が私を中心に回っているように見えました。

自分は誰の役にも立っていない、このまま生きていてもいいのだろうかと思っていました。「僕がいて大変だね」と聞くと、母はこういいました。「体力的にしんどい。若くないから。でも、あなたといることで、今まで知らなかったことをたくさん教えられ、強くなることができた。健康な子ならば親離れして、親よりも大切な人ができて離れていくのに、私は今もこうしてあなたと一緒にいられる。こんな幸せな親はいないでしょ」。何もできないけれど、私の存在が母の支えになっていると思いました。［中略］生きていくためには、自分が支えられていると気付くこと、誰かの支えになっていると思えること、家以外に自分の居場所があること、が大切だと思います。心が病んでいる人に何かを伝えても届きにくい。だから心が健康なときにたくさんの人とかかわることが、自殺の予防につながると思います。
（阿部尚明『朝日新聞』二〇〇八年九月一七日「私の視点」）

これは、「自殺予防 筋ジス患者として訴える」というタイトルで新聞に投稿された文章の一部である。自分が何者であるかに迷いが生じたときに、無力にしかみえない自分が誰かに支えられ、また誰かを支えてもいることが実感できてはじめて、〈私〉の存在意義を意識の射程に捉えることができるというような感覚は、私たちの生活のなかでもよく経験されるものではないか。そのような微かな感覚をたよりに、私たちは〈私〉を生きていくこと、決してあらかじめ確定された〈私〉なる者が存在するわけではないことを確認し、日々の生を生きていく。こうした感覚は、他者とのふれあいのなかで、なにかを語り、あるいは行為したり、またしてもらったりする、そのプロセスのなかでしか生じえないのだ。逆に言えば、そうした、語り合い、なにかをし合い、またしてもらい合う関係が失われれば、〈私〉の存在意義もなくなるということだ。信の関係で結ばれる〈私〉たちは、互いに語り、なにかをしてあげ合う関係のなかでしか生まれえないのである。そのように考えれば、〈私〉なるものは、語るという日常のあらゆるところで日々営まれる実践のなかにしか生まれ得ないということがわかる。

こうして私たちは、話すときに、その話す行為のなかで〈私〉を延命させることができる。だから、話すことをやめてしまうと、〈私〉も同時に消えてしまうというような、〈私〉とはとても脆い存在であることがわかる。〈私〉が生き続けるためには、いかにかぎりなく偽証に近いものであっても、生きるかぎり語り続けなければならないのは、そういう理由である。

しかし同時に、語ることは、一種の偽証、すなわち脱責任化（＝脱主体化）でもあるのだった。そのことを忘れて、自信に満ちた言説で武装し、人を黙らせる話術で臆面もなく騙《かた》り、あたかもそれこそが本来の自分であるなどと自らも誤解してしまうとき、その人の騙りはかぎりなく醜いものとなっていく。傍から見るとかぎりなく偽善者に見えるのだが、当人は気づかないのである。その状態は、すでに廉恥心を失った状態と言えよう。彼が恥ずかしいと感じるのは、強いはずの自分が、なにかに失敗したときである。それは「みっともなさ」の感覚としての羞恥心として湧き上がってくるものであろう。

我こそは話す主体なりと、かぎりなく空疎な雑音を、いかによどみなく、かつ声高に発することができるかを競い合う者たちは、現前の他者を黙らしめることができたとき、自らのコミュニケーション能力の高さが証明されたとほくそ笑むのだ。話されることの内実は、自律・自立した主体としての自分が決定するのであり、よどみなく、かつ声高に話す能力をもつ我こそは、その能力に長けているのだという認識をもって疑わないのだ。しかし、本人はそれが錯誤であることに気がつかない。それは、ともに暮らす他者たちにとっては、たいへん迷惑な話なのだ。

しかし実際には、「あらゆる固有名は、生物学的な生を生きている存在の名であるかぎり、非－言語的なものの名であるかぎり、つねに偽名（零度の偽名）である。偽名としてのわたしであるかぎりで、わたしは〈わたし〉と書くことができ、〈わたし〉と言うことができる。しかし、そうであるなら、わたしが書き、言うものは、無である」（アガンベン二〇〇一：一七九）のだ。

そうした、〈わたし〉の脆弱性こそ、恥ずかしさを生み出す契機となるのだと言えまいか。「もっぱら言表の行為を本質とするかぎりで、意識は、構造的に、引き受けられないものへと引き渡されているという形をとっている。意識するということは、無意識にゆだねられていることを意味するのである」（同書一七四ページ）というのは、この〈わたし〉という意識の脆弱性に基づいている。そして、そのことが「引き受けることができない受動性に引き渡されること」という恥ずかしさの定義を可能としているのだ。

そして、こうした破廉恥な他者の振る舞いに対する「恥ずかしさ」の感情を繰り返し経験するうちに、いつのまにか不特定多数の人間への不信が募っていき、とくに身近な者に対しては憎悪の感情を抱くようになると考えられまいか。ただし、偽名で語る偽善者によって穢された現世への幻滅は、たぶん、それだけでは終わらない。やはりどうしても、どこかに、幸福な〈私〉のあるべき姿を追い求めることなくしては済まない。高い倫理観を有する現実界（あるいは歴史的過去）の誰かに、自らの理想を投影しえた時代はすでに過ぎ去った今こそ、それに代わるものが求められるのだ。嘘をつくことなく、人を裏切ることもない、崇高な存在を。理想の自己を投影可能な存在とは、おそらくは神であり、また場合によっては宗教団体の教祖であったり、あるいは天皇かもしれない。そのどれでもないとすれば、自らを神の地位にまで押し上げた、己自身でもあるのだろう。もともとそうした崇高なる存在は、空虚で無垢な記号であるのだから、たやすく自己を投影することができるのである。

偽名で語る〈私〉を考えるとき、幼女を殺害したのは「もう一人の自分」による犯行だったと言い続けていたMTのことが思い出される。人が罪悪感をもつことができるためには、内面に住むもう一人の自分のような批判的精神を必要とする。すなわち、何が善で何が悪なのかを判別できる精神である。ただ彼のケースでは、「それがいけないことだという意識、罪の自覚と呼んでもよいような意識が彼の内面には存在し、それがそうさせているのではないか」（篠田二〇〇八a：三七）というのは、手紙の交換や面会を通して彼との交流を記録として出版した篠田博之だ。最終的に裁判所は、殺害後の執拗な遺体の解体、骨を食べたり血を飲んだりといった行為、さらには亡くなった祖父はただ見えなくなっただけなどと説明したり、性的欲求からという論理では説明がつかない部分を無視することで、わいせつ目的が動機というストーリーに収斂させたのだった。

通常は、犯行を実際に起こすのは本来の自己であり、もう一人の自己は、それを批判する存在として立ち現れる。しかし、MTの場合には、彼にとっての本来の自己が、理性をもって、犯行をよくないこととしてみているのだ。ここでは、そうした状態を解離性障害と呼ぶことの是非は問わないでおこう。篠田氏は、詐病という見方も、統合失調症という弁護人らの見方も、いずれにも同調できないという（同書三六ページ）。その言を信じると、MTの言う「もうひとりの自分」なるものは、もっと慎重な分析が求められる。

MTの言う「もう一人の自分」なる論理は、病を装うといった責任回避の論理に、たしかに似ている。つまり、犯罪行為の主体は、本来の自分ではないという論理である。詐病説は、こうした論理に基づいていると言える。詐病が非難の対象となるのは、それが破廉恥な行為だからである。しかし、MTの廉恥心は、ことごとく萎んでしまっていたのではないか。だから彼は、「もう一人の自分」なる存在を、恥ずかしいという気持ちをまったく感じることなしに、きわめてまじめに語ることができるのだ。人間は廉恥心を有するはずだと信じるがゆえにこそ、詐病説は成立する。MTは、廉恥心を失ってはいるが、そのことが即統合失調症であることの理由となるわけでもない。実際、「普通の」人びとにも、限りなく廉恥心の薄い人間はたくさんいるのだ。それらの人びとがすべて統合失調症だと判断されるわけでもないように。

「もう一人の自分」による犯行という表現は、「わたしじゃない、わたしだ」というロルティ事件の行為者、ドゥニ・ロルティの表現と同じ構造をもっている。一九八四年五月八日、カナダで起きた事件である。彼は一九五九年生まれで、MTとは同世代であると言ってよい。事件当時の彼は二五歳の現役陸軍伍長であり、二児の父親でもあった。自動小銃で武装し、軍服姿のままケベック州にある国民議会堂に乱入して銃を乱射。三人の死者と八人の負傷者を出している。たまたま事件当日は、議会は開催されていなかった。彼は議員の殺害という本来の目的を遂げられず、空っぽの議場で議長席に座り発砲を繰り返した。そして当時警備にあたっていた退役軍人の説得に応じて外へ出たところで、逮捕されたのだった。
「わたしじゃない、わたしだ」という主旨の発言は、のちの裁判で、自分の行為を振り返るなかでなされたものだ。じつは犯行の一部始終は、備えつけられていたビデオカメラでその全体像がほぼ明らかであったのだが、そのなかの「自分」の行為を理解しようとしたときのものである。

でも、どうしてそんなことになったのか、わたしには説明がつきません。わたしはほんとうに危険な状態になっていた。だから、それはちょうど、ビデオを見るのは信じられないぐらい怖くて、見たくありませんでした。で、その、だいぶ時間がかかりましたが、いまはわたしは、起こったことを受け入れなければいけないんです。それしかない。その、それはわたしじゃないとは言えません。それはわたしなんです。それ以上に何を言えというのですか。（ルジャンドル 一九九八：一四九）

「わたしじゃない、わたしだ」という趣旨の表現は、「（ビデオのなかで犯行を実践している者は本来の）わたしじゃない、（同じ個体ではあるが別人としての「もうひとりの」）わたしだ」というかたちで、MTの表現と同じ構造をもつと考えられる。そのことは、議場に居座るロルティに投降を説得した退役軍人ジャルベール氏との会話にもすでに現れている。

ジャルベール　どうしてこんなことになったのか、きみに説明してほしい。いったいこれは何のまねなんだ。
ロルティ　そいつはいえない。おれの気持ちじゃなくて、おれの頭なんだ。
ジャルベール　じゃ、きみは自分が何をしているのかわからなかったのか。

［中略］

ロルティ　殺そうとした。そうだ、そいつはわかっている。（…）おれが何をやらかしたって、そいつはおれに聞かないでくれ、そいつはおれじゃない、おれの頭なんだ。

（ルジャンドル 一九九八：一四一―二）

ルジャンドルの解釈によれば、これは、「犯罪と、批判的判断をすることができない状態とを、主観的に結びつけている」（ルジャンドル 一九九八：九二―三）ものであり、「何らかの意志的な選択拒否によるものではなく、主体の場所を〈準拠〉の原理つまり〈理性〉に登録しかつ組織する、制度的な分離機能そのものの不全によっている」（同書 九三ページ）という。おそらく、MTによる「もう一人の私」も、過去に実際になされた犯行は、法的には犯罪として成立することを認めつつも、またその行為が過《あやま》ったものであることを認めつつもなお、それを行ったのがまさに自分であり、その責任は自分自身にあると判断することができない状況を、主観的に表現したものではないのか。それは、「何らかの意志的な選択拒否」、すなわち、支離滅裂な言説を吐いて詐病を装うことで罪の受け入れを拒否するものではなく、自らのあるべき〈理性〉のうちに、本来の自分を位置づけることができていないことによると考えられまいか。

一般的にこうした状態は、「狂気」の範疇で（不十分ながら）理解される。とくに、MTの場合には、犯行が実際に為されたことそれ自体は認めても、しかしそれは「本当の」自分によるものではないと言い続けていた。一方ロルティが、「それはわたしじゃないとは言えません」と、たとえもう一人の自分であっても、そのときは「ほんとうに危険な状態になっていた」本物の自分であったと認めている点で、MTとは異なる。

しかし私たちは、凶行を実際に為しているときの状態は、両者においては、かなり似通っていると考えてもよいのではないか。両者に違いがあるとすれば、事件を振り返ったときに、自己の同一性を取り戻すことの成否にある。ロルティには、「自分の内面の奥の方まで探して、起こったことを探そうとしてみ」たと、そのこと自体を分析的に捉えることができる、もう一人の批判的自己がまだ内面に残っていたことが、MTとの違いである。

ただそれは事後のことであるが、実際に事件を起こしているとき、あるいは起こそうとしているときはどうなのだろうか。つまり、狂気をもった人間が、狂気をうかがわせる言説にとどまることなく、実際の犯行へと移行するのはどのようにしてなのか。それは、「われわれすべてを生かしている諸々の分類を横断し直すことによってだ。それも、分割の原理を横領した、言いかえれば〈至高の準拠〉を私物化して陣地を変えてしまった誰かによって、その分類が横断し直されることによってだ」（同書九二ページ）というのがルジャンドルの見立てだ。ここでいう分類とは、たとえば、父と子、公と私、世間と個人、聖と俗、神と人間、あるいは正気と狂気等々の、社会生活を円滑に過ごすために身につけていなければならない慣習的規範によって定められているさまざまな区分である。たとえば、正気であるかぎり人は、「俺は神だ」などとは言わないが、「分割の原理を横領」する、すなわち神と人間の分割の原理はそのままにしても、自分は人間ではなくて神であると宣言すること、すなわち「〈至高の準拠〉を私物化して陣地を変えてしまう」ことによって、「俺は神だ」を可能にするのだ。

そして「神」の立場で行為に及ぶことが可能になるというわけだ。

ＭＴが自らによる行為がどのようなものであったかを呈示されたとき、あたかも自分の犯行ではないかのような発言をするときには、どのようなことが起きているのか。ここでも、ドゥニ・ロルティのケースが参考になる。「被告（ロルティ）が裁判官の前で、政府が親父の顔をしていたと言うとき、かれは狂気であるのをやめ、狂気を解釈している。かれは、進行中の法廷の庇護のもとに、つまりかれ自身〈準拠〉の回路のなかに戻り、準拠を得たことばのなかで父親の息子という資格をふたたび見出して、自分の行為を没理性的なものと見ている」（同書九六ページ）というのがルジャンドルの解釈である。

おそらくＭＴにとっても、犯行が犯罪として構成されることを認めるとき、すなわち犯行が没理性的なものであることを認めるとき、彼もまた、「狂気であることをやめ、狂気を解釈している」のかもしれない。それは法廷のなかだけではなくて、篠田正博氏宛てに手紙を書くとき、あるいは著書として出版されることになる原稿を書いているときもそうなのかもしれない。それは、彼自身が、「〈準拠〉の回路のなかに戻り、準拠を得たことばのなかで」本来の自分（すなわち「もうひとりの私」ではない「正気の私」）という「資格をふたたび見出して、自分の犯罪行為を没理性的なものと見ている」のかもしれない。

さて、私たちはこうした解釈に耐えられるであろうか。詐病説に共感できる人のほうが、おそらく圧倒的多数かもしれない。地下鉄サリン事件を引き起こしたオウム真理教教祖のＡＳのケースもしかり。正気であるのに狂気を装っていることが証明できれば、それに越したことはない。しかし、翻って、正気であるはずの人びとで構成されているはずの現代社会において、正気と狂気のはざまを揺れ動いているのが、私たち人間ではないのか、ということに思いをめぐらしてみるのも無駄ではあるまい。「ロルティ事件において、もし被告が〈理性〉に復帰したとしたら、それは司法の媒介がかれのうちで〈父〉の制度的イメージを修復したからである」（同書 九七ページ）とするなら、ときに正気かどうかさだかではないという気分に襲われる私たち人間が、狂気から正気に復帰するときの「媒介」となり得るものは、いくつかあるだろう。ただそれは、社会のなかで私たちが自らを同定する際に依拠する確固たる〈準拠〉を提供するものでなくてはならない。ルジャンドルが「法の非司法的場面」と呼ぶ、「〈正義と真理の法廷〉」こそ、「諸々の象徴的表象が儀式的に生み出される場であり、その表象のおかげでたんなる主体たるわれわれは、ひとつの文化のうちに同定されるのだし、また同定しうるのである」（同書 一〇三ページ）とすれば、現実的には司法が、その最も影響力ある媒介であることは疑いない。私たちは、裁判官の判断にどれほど不満を感じようとも、判決は受け入れなければならないし、またその後の、生きる私たちにとってのある種の〈準拠〉になることは疑いないからである。

秋葉原殺傷事件のKTによる犯行の解釈においても、こうした説明は可能かもしれない。MTとは異なって、彼の場合には、「もうひとりの私」的な狂気の言説はみられないようだ。しかし、実際の犯行に際しては、彼もある意味で「神」の立場に近づいていたと言えまいか。その上で、不特定多数の他者がすべて自分をみじめな存在に貶めているとして、誰でもいいから殺したかったというのは、やはり狂気でなくて何であろう。そうした凶行への移行にともなって進行したのが、羞恥心の肥大化であり、廉恥の感情の喪失であると筆者は考える。

同様のことは、土浦殺傷事件を引き起こしたKMにも当てはまるのではないだろうか。責任能力の有無を調べるために鑑定留置された彼は、自分を極度に重要だと思い込む性格の「自己愛性人格障害」と診断され、妄想や幻覚はなく完全責任能力を認める内容の鑑定結果が出されている〔註：『毎日新聞』二〇〇八年八月二八日〕。彼は、次のような供述もしているという。「死んで魔法の世界へ行きたかった」「魔法の世界は現実とは違い、自分は特別な存在になれる。すべてが自分の思い通りにできる。だから死にたい」「自分がすべてだ。世界も人も自分のもの。だからこそ自分の結末は自分で決める」などと。しかし、死にたいとは思っても、自殺は「痛いからいや」とも供述したという〔註：『朝日新聞』二〇〇八年八月三一日〕。あるいは、「派手に人を殺して死刑になりたかった。つまらない現実世界から消え、自分がもっと高く評価される幻想の世界に行きたかった」〔註：『毎日新聞』二〇〇八年九月二日〕とも。これらの供述どおりだとしたら、ある意味で彼も、自分を「神」のような立場においていたのではないかと思わされる。

話すことが偽名による偽証にならざるを得ないことは、〈宿罪〉である。しかし、「話すこと」、言語が生起しているというその事実のみが、〈私〉なる話す存在を可能ならしめるのであり、話すのをやめることは、（命が絶たれることがないかぎり）不可能である。すなわち、「話すことを」やめることができない存在としての人間は、自らの語りが常に偽名による偽証になることの罪深さを忘れることなく、生きていかなければならないのだ。そのような生は、何かは分からないものによってあらかじめ赦されているとでも考えなければ、生きることを肯定できないかのようではないか。そのような、生まれながらにして負う〈宿罪〉を意識すること、しかもその〈宿罪〉はすでに赦されているという「負い目」の意識を持ち続けること、それが人間に課された義務なのだ。慎み深さという意味での恥の感情は、そこからしか生まれえない。しかし、慎み深さを忘れて自分を「神」のような存在にまで押し上げるとき、すでに廉恥心は完全に消滅しているのだ。

自殺の不可能性

すでに〈宿罪〉を赦されていることからくる「負い目」を決して忘れることなく慎み深くあり続けねばならないのは、「話すこと（＝証言すること）」をやめられない存在としての人間の宿命である。話し続けるなかでしか、すなわち言語活動そのもののなかにしか、〈私〉なる存在の居場所はないのであり、自分から話すことをやめることは、〈私〉の命を絶つことを意味するのだ。すなわち、話すことの可能性は、同時に、自殺の不可能性を意味するのではあるまいか。

自殺するのは痛そうだから死刑にしてもらいたいが、そのためには、殺すのは誰でもよかったなどとうそぶく人間の出現を予言したものは、寡聞にして知らない。通常私たちは、通り魔事件のような無差別殺傷の報にふれて、「決して許されない」ことなのだと被害者を責める。ましてや「誰でもよかった」などと聞けば、「何の罪もない」犠牲者という見立てで事件を理解したくなる。しかし、こうした前提を正当化するものは何なのだろうか。おそらく、見知らぬ他者に殺されるのはかなわないという気分は、その一つではないだろうか。いわゆる「犬死に」という表現を支える気分と同一のもの。

たとえば特定の一個人の「狂気」による殺人と、一組織による殺人との間に、私たちはどのような違いをみているのだろうか。その判断は、ひょっとしてきわめて恣意的なものではなかろうか。受け入れがたい行為と、比較的受け入れられやすい行為との違いはどこにあるのだろうか。

そうした行為をどのように受け取る（受け入れる・受け入れない）かの決定が、個人の恣意的判断によるのであれば、その判断の恣意性に鑑みて、その境界線は絶対的なものでないことは明らかであろう。すなわち、その災厄が自らにも降りかかる可能性がどれほどのものと捉えるかによって決まると言ったら言い過ぎだろうか。もちろん、個人の犯行は狂気によるものであり、組織による犯行の背景には狂気は存在しないという前提から、狂気は許されない（受け入れられない）という感情が生まれることはあるかもしれない。すなわち、狂気は個人によるものという前提である。しかし、この前提も危ういことは容易に想像がつく。

私たちは、他者の行為を受け入れたり受け入れなかったりする。自分にどれほど関わりのあることなのかという基準によって。ひょっとしたら、ただそれだけのことかもしれないのだ。だから、その判断は常に恣意的なものとなるのだ。さらにやっかいなことには、自らの判断が常に恣意的なものであること、そのこと自体を認めたくない、という傾向も強い。だから、自分の判断は合理的なものであると信じようとするのであるが、しかし実際には、その判断の合理性も疑わしいのだ。

このことを確認する思考実験は、簡単だ。たとえば、KMの行為と、イラク攻撃を命じたブッシュ大統領の行為を比べてみればよい。無差別殺傷事件と国家間の戦争、どちらも同じ殺人でありながら、なぜ後者はやむを得なかったとする気分を生み出すのかを問うてみれば、その判断の恣意性を認めざるをえないのだ。

殺人は許されざる行為であるという、ある種の「崇高な」言明の醸し出す権威は、一人の「狂人」による犯行の前にあっけなく崩れおちる、ということを確認できるだろう。であるならば、もっと正直に言うべきかもしれない。われわれは、見知らぬ他者にいきなり命を奪われるのは嫌だ、犬死にするのは嫌なのだ、と。無差別殺傷という行為は倫理的に許されないなどというのではなくて、みじめな死に方をするのが嫌なのだと言うほうが、どれほど正確に本音を言い当てているかしれないのだ。

こんなことを想像するのは、自分に成り代わった他者の犠牲（場合によっては死）に対して、臆面もなく「感謝の念」を表明する事例が目につくからである。たとえば、その所信表明演説（二〇一〇年六月一一日）にとどまらず、六月二三日の沖縄全戦没者追悼式においても、戦後沖縄が多くの犠牲を払いながらも米軍基地を受け入れ続けてきたことに対して菅直人首相が発した、「感謝」という言葉が思い出される。沖縄の人びとから大きな批判の声が上がったのは当然であった。一国の首相の発言であったのだから。

それからほどなくして、日本ではよく知られるある「哲学者」による、つぎのような言葉が新聞に掲載された。


広島及び長崎への原爆投下について、米国の世論は、それによって戦争を早く終わらせ、多くの米兵の命を救ったと肯定する意見が根強いが、それは原爆投下という非人道的行為に対する弁明としてとても許されない。しかしこの原爆投下によって命を救われたのはむしろ米兵より日本人であっただろう。原爆投下がなかったならば米軍の本土上陸は必至であり、それによってさらに何百万、何千万という日本人が死んだにちがいない。そのなかに確実に私自身も含まれていたと思われるが、とすれば、生き残った私たちは原爆犠牲者によって救われたといえる。

私は幸運にも、終戦後六十五年の人生を生き長らえているが、そのような人生も原爆犠牲者のおかげであるといわねばならない。今年の原爆の日、私も原爆犠牲者の霊に心から哀悼と感謝の念を捧げたのである。

（梅原猛「終戦の日　原爆犠牲者への哀悼」［思うままに］『東京新聞』二〇一〇年八月二三日夕刊７面、強調傍点 菊池）

他者に感謝することは、もちろん「良いこと」であるし、何か良いことをしてもらったときは、相手に感謝するのはむしろ当然のことだ。一見読み飛ばしてしまいそうな、「終戦の日」をめぐる文章のひとつであるが、原爆投下によって米兵の命が救われたという意見を明確に否定する一方で、広島および長崎の人びとの命と引き換えに自分の命が救われたことに感謝するという点に、筆者は先の菅直人首相の発言と同根の身勝手さのようなものを感じてしまうのである。ようするに、誰に向けての感謝なのだろうか。もちろん、文中にあるように、「原爆犠牲者（の霊）」に対して捧げられたものではあろう。「生き残った私たちは原爆犠牲者によって救われたといえる」とも書かれていることからもそうと言えるだろう。

しかし元兵士も含めて戦争体験者の多くは、「生き残った」ことに対して罪の念を抱き続けていると証言することが多い。ここでは、「生き残った私（たち）」が「幸運にも」戦後を「生き長らえて」こられたのも、「原爆犠牲者のおかげであるといわねばならない」と、罪の意識よりも「感謝」の念が率直に語られている。その違いは、生き残ったことに罪の意識をもつ人びととは、当人とのあいだにある種の物語を有する名前をもった人間たちのことを念頭においているのに対して、ここでの「原爆犠牲者」は、名前も顔も無い人びとの集団を指すただの記号的存在として語られていることにあるのではなかろうか。

KTによる「誰でもよかった」という発言は、自分が殺したいと願った「勝ち組」という記号に充填される意味としての「人間」は、まさに誰でもよいという論理から必然的に引き出されたものであったと思われる。それは名前も顔もない存在であり、ある種の物語を共有しない存在であるのだから、殺すことに罪の意識さえも浮かばないのではないか。しかし「誰でもよかった」という表現を、ここでの「原爆犠牲者」に反転させてみると、自分の犠牲になった人びとであるという、単なる論理的事実関係を描写したものとなり、その記号に充填される人間は、まさに「誰でもよい」ということになりはしないだろうか。そのように思いめぐらすと、もはや「原爆犠牲者の霊に心から哀悼と感謝の念を捧げた」という表現まで、しらじらしいものになってしまうのだ。

「戦後六十五年の人生を生き長らえている」ことを無条件で（すなわち罪の意識のようなものを感じることなく）「感謝」することが可能なのは、犠牲となるのは「誰でもよかった」との（無）意識が入り込むのを許しているからではなかろうか。同じ物語を共有しない、名も顔も浮かばない人びとである「原爆犠牲者」なる空虚な記号に対して「心からの哀悼と感謝の念」を捧げることができるのは、己自身も同じ戦争の犠牲者ではあるが、幸運にも犬死には免れることができたとの、とても公の場では口にできない（無）意識が滑り込んでいたのではないか、というのは言いすぎだろうか。

ここでは首相と哲学者個人を批判することが目的ではない。むしろ、こうした人間の醜さ・狡さが、私たち一人ひとりの無意識にそっと滑り込んでしまうことの恐ろしさに留意する必要があるのだ。見知らぬ他者に殺されるのは嫌だが、あくまでもそれは自分自身のことにすぎないこと。だからこそ、見知らぬ他者（原爆投下した米人）に殺された自分以外の誰でもいい日本人に、罪の意識を経ることなく「感謝」できるのではないだろうか。

これに対して自殺は、自らが死ぬかどうかを決定するという点で、その次元を異にする。自殺とは何か、まずはエミール・シオランのつぎの件に注目したい。

> 望みのときに死ぬことができるという確信、ここにはなにかしら私たちの気持ちを奮い立たせ、くすぐるものがあり、そしてそれが耐えがたきものを耐えうるものに変え、無意味なものに意味を与えるのです。
> （シオラン　一九八六、訳者への手紙より）

なぜ（他人を殺めるかわりに）自殺しなかったのかという問いを正当化するのもやはり、見知らぬ他者に惨めな殺され方を強いられることに対する嫌悪感ではないだろうか。犠牲者の一人であったかもしれない自己の安全を確保するためには、他人を巻き添えにせず犯人が自らの命を絶つことで解決できたはずだという、ある種の「傲慢さ」が生み出す感情である。ただし、この傲慢にみえる思いは、自己の命を最優先に考えがちな私たちには、残念ながら抗しがたいものでもある。すなわち、殺されることはかなわないという思いは、逆に、（他者である「私たち」を殺めるわけではないのだから）自殺なら許されるという思いでもあるからだ。それは、狂人が自らの命を絶つことで、私たちがかかわり合うことなくして、一切が解決されるという思いにもつながるのだから。

「だれであれひとりの人間が死ねば、その人間とともに世界は消えうせる。すなわち、その死と同時に、一切が抹消されるのだ、一切が。これこそ死を正当化し、その名誉を回復させる至上の裁きである」（シオラン一九八六：一八七）とするならば、自殺することで一切を解決すること、望むときにいつでも、自らの命を絶つことができるという確信こそが、自殺を思いとどまらせるための最大の抑止効果を発揮するということにならないか。しかし、この逆説はなぜ成立するのだろうか。

もし本当にこの逆説が成り立つのであるならば、KTは、自ら望むときにいつでも自害できるという確信をもてなかったと言えるかもしれない。実際に彼は、「人と関わりすぎると怨恨で殺すし、孤独だと無差別に殺すし、難しいね」とサイトに書いていた〔註：「秋葉原無差別殺傷K容疑者 携帯サイト書き込み」二〇〇八年六月一七日付『東京新聞』21面〕。この「難しいね」という表現には、殺人にいたる契機を自分としてどう処理すればいいのか難しいということを言っているようにみえるが、自殺するという選択肢は思いつくことさえないかのようにもみえる。したがって、この「難しいね」のうちには、本当なら自殺するという可能性もあるはずなのに、自分としては自殺することが難しいという思いが無意識のうちにすべり込んでいたとも考えられまいか。すなわち、自分のあるべき生を自分で決定する手段を奪われた状態にある自分は、自分の流儀で、いつでも望みのときに自殺することさえ難しいという思いの表れなのかもしれない、と。いつでも望みのときに自殺するといった姿勢には、不謹慎だがある種の「余裕」さえ感じられる。彼の場合にはむしろ、自ら望みのときに自殺することができる以前に、誰かに「すでに殺され（てい）る」という意識が過剰に働いたのではないだろうか。言ってみれば彼自身、じつは私たちと同じように、犬死にしたくなかったのであり、この国の政治を動かしている不特定多数の「勝ち組」に有無を言わせず殺されたくなかっただけなのかもしれないのだ。

通常私たちは、自殺は絶望の結果だと考えるのが合理的だと信じている。だが、いつでも自殺しようと思えばできるという確信を持っていることそれ自体が、自殺への最大の抑止効果であるとすると、自殺は絶望の結果であるという思考は、自殺をめぐる私たちの理解を狭めることになる。

そもそも、絶望の原因と、絶望に至る意識の推移を自らが分析できる余裕があるならば、一切を解決したいという欲求へと一直線に進んでしまうことを避けられるのであろうが、夢も希望もないという思いは、逆にそのような経過を分析する機会を一瞬にして閉じてしまうかもしれない。なぜ絶望的な気分に陥れられなければならなかったのかを分析的に思いを巡らすことができれば、自殺はしようと思えばいつでもできるのであるから、とりあえず延期しておこうという気分が生まれる「時間《とき》」に、もう一度身をゆだねる余裕が生まれるのではないか。不特定多数の「勝ち組」に対する嫌悪感が強いのであればこそ、見ず知らずの他者を無差別的に殺傷したところで、何の解決にもならないことが理解できるはずではないか。すなわち、成功者に対する嫌悪感を生み出すのも自己の精神であるのだから、一切の解決は、（同時に自己の精神をも抹殺することになる）自殺以外にはありえないということが理解できるはずなのだ。その上で、自らに降りかかるかもしれない不幸を抽象的なままにしておいて、災厄から逃れうる可能性をひらいておくことで、自殺を延期することができるのだ、と。

それは、次のようなことからも言えるだろう。

> 私たち人間が生きながらえているのは自己保存の本能からではなく、ひとえに未来を見ることができないからだ。未来を見る？　いや想像することさえできないのだ。もし私たちが私たちを待ちうけている一切のものを知ったならば、体面を捨ててまで生きようとする者などもはやひとりとしておるまい。未来の災厄というものはすべて抽象的なものにとどまっているからこそ、私たちはそれを自分のものとはなし得ないのだ。いや災厄が現実に私たちの上に襲いかかって来て、私たちにとって替わってしまったときでさえ、私たちは災厄を自分のものとすることはないのである。（シオラン 一九八四：一五一）

逆に言えば、「望みのときに死ぬことができるという確信」が揺らぐのは、未来を見てしまった、すなわち永遠に見ることのできないはずの「未見の我」を見てしまったという感覚に支配されるときではなかろうか。そして、その姿がみじめなものであればこそ、死を選ぶのかもしれない。

ただ、自殺を延期するという事態を、苦難に耐えるだけといったイメージで捉えることは間違いであろう。なぜなら、人は、「毎日、死を考えながら、しかも嬉々として存在に執着していることもできる」からである。「だが、自分の死の時間を絶えず考えることになれば、こうはいかない。この瞬間のことしか念頭にない人間ならば、その余のすべての時間を相手にテロ行為に及ぶこともできよう」（同書 一七五ページ）。これはKTが、犯行に及ぶ前、「実況中継」さながらにサイトに書き込んでいたときの精神状況にも当てはまりそうな表現である。彼の思いのすべては、秋葉原での実行のときに向けられているのであり、もはや自らがいつでも望みのときに自殺できる可能性への確信は失われてしまっている状況だったのかもしれない。

そうした状況を批判的に捉えることのできる〈他者としての私〉が己の内面にまだ生き残っていれば、現実の自己の思いが実現されないとき、その批判的自己は自己の正当性を揺るがす世界がなぜ存在するのかを分析することで、他者との間につくられる別の関係性を模索することができるのだ。しかし、すでにそうした批判的自己が消滅ないしは息も絶え絶えの状態にあるならば、他者とのあいだにつくりだされる関係性は、つねに一方的で、当人にとっては常に抑圧的かつ否定的なものと映るだろう。それは、ある関係性を結ぶ人間たちのみならず、モノ、知、制度などとの関係性まで一方向的なものにならざるを得ないからだ。モノとしてのナイフは人を殺すものでしかなく、知は押しつけられるものでしかなく、制度は自由を制限するものでしかなくなる。しかし、ナイフは生を豊かにするモノでもあり、知は無知からの解放に役立つものでもあり、制度は自由を守るために使うこともできるものであることが、見えなくなってしまうのだ。

関係性が一方向的なものになってしまうのは、制度としての言語も例外ではない。ＫＴが掲示板に書き込んだ「言葉たち」は、その込められた思いは必ずや相手に届かなければならず、結果として肯定的な応答がなされなければならないものとなってしまう。しかし、言葉は必ずしも思いどおりに他者に届くものではないし、したがって常に肯定的な応答が返ってくるものでもない。ここでも、「中傷のなかに言葉を、ただ言葉だけを見てとること、これこそ苦しむことなく中傷に耐える唯一の方法である。私たちに向けられるどんな非難の言葉をも、ばらばらに分解してしまおう。ひとつひとつの語を孤立させ、一個の形容詞、一個の名詞、一個の副詞にふさわしい蔑視をもって、その語を扱うことにしよう」（同書一九二ページ）というシオランのアドバイスは有効だ。いわば、他者が押しつけてくる「意味」を宙吊りにしようというわけだ。もしこの忠告を受け入れないとすれば、「さもなければ、中傷する人間を即刻、片づけよう」（同書一九二ページ）というその次の文言が現実化してしまう可能性があるからである。しかしこれも、内面の〈他者としての私〉が存在するかぎり納得できるものであるが、そうでないかぎり、それも不可能なのだ。

表面的には、自由が尊重されすぎた果ての我儘で、当然罰せられるべき人間の犯行にみえるこうした現象は、実はその逆で、内面に住まうもう一人の自己、〈他者としての私〉の精神の自由が制限されすぎた結果として生起したものであると解釈されなければならないのではないか。新たな「生きるための意味」の探求は、そのような精神の自由が完全に保障されてなければ、困難なものになる。現制度の枠内で損をせずに生きることが最優先の課題とされるなら、権力ある側から好ましく見られることが最も重要な関心事となるのだ。学校で評価されることが最も重大事であるかのような世界で生きることとしか許されないとき、子どもたちにとっての世界は一方向的なものでしかなくなるのではあるまいか。

道徳教育を徹底することで「徳」を精神世界に注入するという選択は、その意味でも最悪である。それは、新たに加わる抑圧にしかならないからだ。自己の生を支えうる新たな「意味」は、自分で、すなわち、〈他者としての私〉と現実の自己との間の関係性のなかに、自らが見出すべきものなのである。決して他者から押しつけられるようなものではないのである。押しつけられたものは、当面それが本人にとって役立たないものであれば、決して身につくことはないのだから。

新たな関係性をつむぐ可能性の開けた別の世界、すなわち〈もう一つの世界〉の形象として知られるものの筆頭に挙げられるのは、いうまでもなく「理想郷・ユートピア」である。もちろん、現代人の抱く理想郷のイメージは、人間は罪の意識もなく恥の感覚も知らず、病に侵されることも苦しい労働に耐える必要もないといった、いわゆる桃源郷のそれとは異なるものである。しかし、どのようなイメージの理想郷であれ、そもそも「ユートピアは本質的に反マニ教的である。異常や畸型や定形外なものに対して敵意を抱き、均質性や標準型や複製や正当性の確立をめざす」（シオラン 一九六七：一三四）ものであるという指摘は、誰もが一様の道徳的観念に基づいた規範意識を身につけ、慈悲の心に富み、理想郷としての郷土を愛し、伝統を育む態度を忘れず、先祖を敬い、そして親を信じ、年長者を尊敬するとされる、「美しい国」（安倍晋三）というイメージにこそ相応しい。

もはや理想郷などは単なる政治的お題目にすぎないことを知っている現代人は、それでもなお、ある種のユートピア、理想的未来なるものを忘れ去ることはできない。私たちは、「もうひとつの世界という強迫観念なしには、現在の荒廃に耐えるべくもない以上」（同書 一二八ページ）、常に現在とは異なる理想郷を思い描くことを止められないのだ。しかし、理想郷のイメージは、その時々の政治言語で描写されるものであり、正常、標準などのモノサシも政治的に決定されるにすぎない。場合によっては、異常、規格外を判断する準拠の侵害は、容赦なく取り締まりの対象となるのだ。理想郷という心地よい響きに反して、極度の均質性が求められる社会であることは、耐えがたい現状から抜け出たいという強い願望によって忘れ去られる。そこは、「調和国民」（同書 一三九ページ）の住まう、「普遍的調和」（同書 一三二ページ）の支配する世界なのだ。調和（＝諧調）を乱す者に情け容赦ない世界は、しかし、諧調を維持しようとする者たちにとっては、きわめて都合のよい世界でもあろう。すくなくとも、自らの内面に深く立ち入ることがないかぎりにおいては。

しかしエデンの園では労働など考える必要もなかったのに反して、現代の理想郷では、労働しない者は、調和を乱す者でしかない。怠惰な人間に対する嫌悪の感情は、現代の規範的政治空間を充たすエネルギーの一つだ。シオランによれば、それは、「能率という固定観念」に由来する（シオラン 一九六七：一三九）という。今や、労働はおろか、そもそも「何もしない」ことは、人間として許されざる在り方とされる。調和国民であるためには、人は勤勉でなければならないのだ。

こうした同調圧力が高ければ高いほど、みんなで調和を保つことこそが、そのような理想郷で生き抜くための最も重要な処世術となることは必然であろう。諧調維持への志向性が、高度な政治的決断とはまったくかかわりない私的な領域までも侵すようになると、本当に息苦しくなるのだが、それをもじっと我慢しなければならないとしたら、果たしてそれは探し求めていた理想郷なのかと、遅まきながら気づいてもよさそうなものだが、現実はそれを許さない。

この息苦しさは、「美しい国」のような理想郷は、特殊な政治言語によって構成され、そして与えられたものであることに起因する。極度に均質性が求められるのは、プランナーが思い描く望ましい規範がまず定められ、それを理想的社会の構成原理にした空想を政治言語化したものだからだ。その規範に満足する者たちは、当然それを支持するのだろうが、そうでない者たちにとってはそれは苦役の源泉でしかない。しかし、自らの理想郷は、自らが発見するしかないものであり、またそのようなものとしての理想郷は、それこそ人の数ほど存在するはずだ。

　ただし、ある理想郷を思い描くことと、それを実現することとは別の次元で考えなければならない。往々にして現状に満足している者たちが恐れるのは、それをやり遂げてしまうアナーキストの出現である。「コミュニスト」的なものに対する彼らの嫌悪感は、おそらくここに由来する。しかし家族を養うことすら困難な人たちが思い描く理想郷では、ただ正社員になれさえすればよい、給料が上がればよい、休みがもっとあればよい、とにかく仕事がほしいといった、理想というよりも淡い望みが実現できればよく、それは現体制の枠内でのものにすぎない。しかし、少数の者たちの夢想するアナーキーな体制への恐怖が、彼らをして思想統制へと向かわせるのだろう。そして、そのやり方は、自らが嫌悪するはずの「コミュニスト」のやり方とまったく同じものでもあるのだが…。

　理想郷を、自らの内面に発見すること、このことを通してしか人は救われないというのは、本当だろう。かのキリストさえも、「「神の王国」とは「ここ」にも「そこ」にもあるのではなくて、私たちの中にこそあると断言した」（同書一四一ページ）というのも、金銭を積むことによって手にしうる外在的なものとして理想郷を想定することが誤っていることを指摘したものだろう〔註：たとえば、「マタイによる福音書」にある神の国についての記述をみればそのことがよくわかる〕。「私たちの存在の最深部、自我のまた自我のごとき場所を除いては、楽園の存在しようもないのである」（同書一八一ページ）というのは、理想郷は、誰かの操る政治言語で構成されたものをただ受け取るべきものではなくて、自らの内面にしか存在できないものだということだろう。

そうして見出される時間《とき》を、〈永遠の現在性〉と呼んでおこう。〈永遠の現在性〉とは、苦もなく痛みもなく、働く必要も争う必要もない平和な楽園が、永遠に続いてほしいといったものではない（現状に満足する者たちが維持したいと願う状況は、さしずめ外在的なものとしての「永遠の現体制（＝現態勢）」とでも呼べるだろうか）。それは、自らの内面に住まうもう一人の批判的自己である〈他者としての私〉と、現実世界の自己との弛まぬ関係性のなかで、人とは異なる理想を思い描き、かつそれを表現する自由が保障される現在性が、この先も永遠に続くような時間《とき》を意味する。そうした自由が十全に保証され、実現しうる世界の構築可能性が永遠に存続するような〈永遠の現在性〉が開かれているという確信、すなわち、望むときにはいつでも、もう一つの世界を自らの内面に発見できるという確信、それなくして私たちは、何事かをなそうという動機を見出せないのではないだろうか。〈永遠の現在性〉の可能性がつねにひらかれているという確信を抱いたときに、私たちは〈生きる意味〉を見出したと感じるのではないだろうか。

一人の人間にとっての〈永遠の現在性〉とは、話すという行為、言語活動が今まさに起きている瞬間の連続性のなかでのみ〈私〉が存在できることを確信する時間《とき》でもある。自殺という行為は、その連続性を自らの意志で断ち切ることであると同時に、比喩的には、自分が〈私〉であり続けようとする意志を捨てることをも意味する。


ところで、「自殺は許されない」と言うのは、ほかならぬイマヌエル・カントである。

現在の切ない状態から逃れようとして自分の生命をみずから絶つのであれば、彼は人格なるものを、終生どうやら我慢できる状態を維持するための単なる手段として使用していることになる。しかし人間は物件ではない、従ってまた単に手段として使用され得るような何か或るものではなくて、彼のいっさいの行為において、いついかなる場合にも目的自体と見なさなければならない。それだから私は、私の人格のうちに厳存する「人間」を勝手に処分して、これを傷つけたり、台無しにしたり、或いは殺したりすることはできない。

（カント 一九六〇：一〇四）

よく知られる彼の定言名法によれば、人間は人格を究極目的として扱うことを求める。そこでの人格とは、他者のそれのみならず、自分自身の人格をも含んでいることから、たとえば苦しい状況から逃れるために自殺しようとするのは、苦しみから逃れる手段として自分の命を利用する（＝自死することとなる。すなわち、人が生きていくときの究極目的である己の人格を尊重していないことになるのであり、「自殺は許されない」のはその論理的必然であるからだ。

そうであるからには、「話す」という言語活動を放棄してしまえば、「話すこと」の、今ここでの言語活動のなかにしか存在しえない〈私〉も同時に消滅してしまうことを意味する。

そしてもちろん、苦しみから逃れる手段として命を絶つのではなく、己の信念を捨て去ることで「場」の規範に服従するということも、比喩的な意味においては一種の「自殺」であると考えれば、信念に基づいて話し続けることこそが、倫理的に許される生き方であることになろう。したがって自殺はもちろんのこと、比喩的な意味における「自死」、すなわち自らが選び取った信念に基づいて話すことをやめることも許されないのだ。それほどにカントの道徳律は厳格だ。

第四章　〈恥ずかしさ〉の復権

〈語る＝騙《かた》る〉と〈黙る＝騙《だま》る〉

理想郷を語る（＝騙る）政治言語とは、次のようなものをいう。

> 政治言語は、…命令、強制、威嚇、服従、恭順、哀願、懇請、賞讃、侮蔑等のことばとして現われるが、これらのことばは、全て、その伝達内容よりも、どのような情況で、誰が誰に向かってどのような心づもりや態度の中で、発せられたかという自己表出性、および他者を動かす志向性をもった行為そのものとして意味をもつ。（栗原 一九七七：七三）

ここで言及される、命令、強制、威嚇…といった力は、特定表現から生み出される「効果」と言ってもよいだろう。そうした効果を引き出す方法・手段には様々なものがあると考えられるが、たとえば「嘘」の利用もその一つである。

通常、「嘘」というのは、嘘をつく主体の、自らの言明が真実ではないとの認識が前提となる。さらに、人を騙すための嘘をつくことは「善」ではないという文化的環境が当然のものとして出来上がっていなければならない。そして、結果的にある言明が嘘であるかどうかの判定に際して注意しなければならないことは、その判定は、その言明を受け取る側の判断によってなされる点だ。そして嘘が「許されうる」ものかどうかの判断基準は、①真実かどうか、またそれが真実ではないとしても、②そこに善意が介在したかどうか、の二つが想定される。

「嘘」構成の局面を捉えるとき、アーレントの次のような考え方が参考になる。

〈事実の真理〉の意識的な拒否――嘘をつく能力――と事実を変える能力――行為する能力――は相互に関連しているのであって、両者は想像力という共通の源泉によってはじめて存在するのである。

（アーレント 二〇〇〇：三―四）

この言明は、嘘の肯定的な側面を見ていると言える。いわば、嘘の効用への積極的支持として読むことができる。同様の考え方としては、末弘嚴太郎のいう「嘘の効用」による「法第一主義」批判がある。末弘は、硬直化した解釈に従うことしかできない法適用の問題にどのように対処すべきかを考えるなかで、「活きた法律」すなわち「一定の法則をもって伸縮する尺度としての法」（末弘 一九八〇：三九）といった、実定法とは別個の体系の法を構想している。

末弘によれば、「従来の「法」と「法学」との根本的欠陥は、その対象たる「人間」の研究を怠りつつ、しかもみだりにこれを「或るもの」と仮定した点にある。すなわち本来「未知数」たるものの値を、十分実証的に究めずして軽々しくこれを「既知数」に置き換える点にあるのだと思います」（同書三五―六ページ）としたうえで、人間は合理的でも非合理的でも、また利己的でも非利己的でもある以上「軽々しく仮定された「人間」を基礎として推論された「結果」が一々個々の場合について具体的妥当性を発揮しうるわけがないのです」（同書三六ページ）という。さらに、「個々の判決例は固定した「法」の各個の適用でなくして、「具体的妥当性」を求めて千変万化する「法」の何物たるかを推論すべき重要材料だと考えるのです」（同書三八ページ）と述べて、そのために一種の「嘘」が有効であるとしている。

ところで、政治言語における嘘の問題を考える場合、「黙り＝騙《だま》り」あるいは「黙られる＝騙《だま》られる」という側面をも考慮する必要があると、筆者は考えている。ここでの「騙《だま》る」という動詞は、「騙《だま》す」とは区別して考えなければならない。「騙す」というのは、嘘をつく主体が自らの言明が真実に反することを意識しているときに、「嘘」が本当であるのだと他者に思い込ませるという意味で用いられる言葉である。一方、「騙《だま》る」という動詞は、日常的にはほとんど使用されることの少ない言葉であり、辞書では「うわべをいつわる。陰険な心を抱く」（『広辞苑』）といった定義が与えられている。しかし、うわべを偽っている、陰険な心を抱いていると判断し、それを問題視するのは、その行為主体の側ではなくて、むしろそれを受け取った側の判断である。つまり、「騙《だま》っている」と判断するのは、主体の側ではなくて、受け取る側の場合がほとんどである、ということだ。また行為主体の側は、その同じ感覚を、人を「騙している」と捉えることも可能であるように、「騙す」と「騙《だま》る」は意味領域が重なっている。

ところで「騙す」には、「すかしなだめる」といった意味もある。通常、「すかしなだめる」という意味での「騙す」は、意図的に真実を否定することとは別の次元でもみられるものだ。悲嘆にくれる他者を慰めるという場合、この「騙す」という働きには、むしろ肯定的な意味が与えられる。ただ辞書的には、否定的なものとしての真実の意図的な拒否も、肯定的なものとしての癒し・慰めとしての「騙《だま》し」も、いずれも同じ動詞が使われる。ここでは「騙《だま》る」に肯定的側面を見出したいという意図から、「騙《だま》る」にこの後者の意味を加えて考えてみたい。ちなみに、「騙《だま》り者」は「欺く者。陰険・狡猾な者」という否定的な語義が与えられているように、もともと「騙す」と「騙《だま》る」との意味領域は重なっており、そうした解釈も許されるのではないかと思われる。ただし「騙す」と「騙《だま》る」には、すでに触れた「語る」存在としての〈私〉との連関で言えば、「騙《だま》る」というのは、信じてもいない前者は行為主体がその意図を認識しているのに対して、後者にはそれがないという違いをみとめたい。ことを自己保身ゆえにあたかも真実であるかのごとく騙《かた》ることの恥ずかしさを知るがゆえに、「騙《かた》らずに黙す」という意味をもつものとして考えたい。こうした「騙《だま》る」ことの潜勢力を象徴する形象として、さきにふれたバートルビーを思い起こしていただきたい。

またここでは、無意識的な「騙《だま》る」と意識的な「黙る」の関連性も強調したい。現代日本語では、意図的な真実の拒否という意味での「騙す」と同様、「黙る」も否定的なものとして把握される場合が多い。コミュニケーション・ゲームにおいて「黙ってしまう」ことは、負けを意味するし、また黙っていては何も始まらず、意識的に黙ってしまって引きこもることもまた、問題だとされる。ところが、アーレントや末弘のように、「嘘」に効用を見出すことが可能なように、「黙り（＝騙《だま》り）」にも効用があることは疑いない。

そもそも「嘘の効用」は、この「騙《だま》り」のもつ力を前提としていると言えまいか。「〈事実の真理〉の意識的な拒否」という「嘘」の定義にしたがえば、「騙《だま》り」には、「〈ドグマ的真理の〉無意識的な拒否」という次元を見出すことができるのである。「〈事実の真理〉の意識的な拒否」は、まず騙す者自身がそのように判断できるものであり、また受け取る側も、騙す者の意識をそのように判断できるときに成立する次元である。しかし、行為主体としての黙る（＝騙《だま》る）者には、結果としては「無意識的に」〈事実の真理〉を拒否してしまっている次元を見出せるのではないか。

そのようなときに、人は言葉を失うことで見かけ上は「黙り」、結果として他者に対して「騙《だま》ってしまう」（「騙してしまう」とは別の次元）。すなわち本人は相手を騙《だま》しているという意識はないのだが、黙ってしまっていることによって、「うわべを偽っている」、あるいは「陰険な心を抱いている」のではないかなどと、他者によって判断されてしまうのではないか。しかし「騙《だま》る」ことは同時に、〈ドグマ的真理〉を無意識に拒否することでもある。いわば、「騙《だま》る」ことの効用がそこに見出せるのである。たとえば、当人は意図的にうわべを偽っているのではないが、結果として相手は、「騙《だま》っている」者を前にして、それまでは思いもよらなかったような考えに突然引き合わされるというようなことが起きることがあるからだ。

たとえば、犯人を絶対許せない、死刑にしてほしいと念じていたはずの遺族が、死刑囚と直接対面する機会をもつとき、この人を殺すべきではない（死刑にすべきではない）と、突然信じてしまっている自分を発見するときがそうである。愛知県で一九七九年から八三年にかけて起きた「半田保険金殺人事件」で弟を殺害された原田正治さんは、かつて犯人に極刑を望んでいたという。しかし、事件から一〇年後、当時弟の上司であった長谷川敏彦被告を名古屋拘置所に訪ねる。それまでにも謝罪などの手紙をよこす被告に会おうとした明確な動機も、また死刑囚を許そうという気持ちもあったわけではなかったという。ところが、実際に面会した長谷川被告は謝罪し、「これで私はいつでも喜んで死ねます」と話したのだという。そのとき原田さんは、「被告が死んでしまっては何もならない」という思いを抱き始めたという。原田さんいわく、それは「直感に従った不意な行動だった」というのである［註：『東京新聞』「こちら特報部」二〇〇八年三月二三日］。

同じような事例は、敗戦直後に福岡市で起きた「福岡事件」の被害者遺族の語りにもみられる。事件が起きたのは一九四七年五月二〇日。まだ軍の物資の闇取引が盛んだったころ、軍服の取引をしていた日本人と中国人の二人が射殺され現金を奪われる。強盗殺人の疑いで、西武雄さんと石井健治郎さんら七人が逮捕される。公判で殺害を認めた石井さん以外、六人は無罪を主張したが、西さんは主犯と認定され、石井さんと共に一九五六年に最高裁で死刑が確定する（残る五人のうち四人は懲役刑）。しかし西さんはすでに、一九七五年に処刑されている。西さんの無罪を証明するため、遺族は二〇〇五年五月に福岡高裁に再審請求する。その後恩赦で無期懲役に減刑された石井さんも、西さんは無罪だと証言していたという［註：石井健治郎さんは、二〇〇八年一一月七日、九一歳で、急性心筋梗塞のため死去］。

被害者遺族の一人、桐原武雄さんは、法務省恩赦課の職員が彼のもとを訪ねて恩赦に対する意向を尋ねられた際、即答を控える。そして西さんに面会し、心を動かされる。その後職員には二人とも刑務所から出してほしいと話すが、石井さんだけが恩赦で減刑され、否認してきた西さんには死刑が執行される。桐原さんの思いを伝える記事を引用しておこう。

> 「今思えば、職員が来たのは手続きの一つにすぎなかったんでしょうね。遺族がするなと言ってもするのだから、死刑って遺族のためやないですね」。桐原さんは福岡市の自宅で振り返る。…「家族を殺された者は、犯人を自分の手で殺してやりたいと、だれでも一度は思うんじゃないか」と桐原さん。「冤罪といわれても、半信半疑だ」ともいう。
>
> それでも二人の釈放を願い出たのは、じかに聞いた西さんの言葉が「自分には本当だと思えた」からだ…。
>
> （『東京新聞』「こちら特報部」二〇〇八年三月二一日、強調傍点 菊池）

こうした桐原さんの思いも、じかに西さんと会って肉声を聞いているとき、突然に生じたものであったのだ。こうした事例は、すでに「〈事実のドグマ的真理〉の無意識的な拒否」の次元に入り込んでいるものと言えないだろうか。再審の可能性も期待できず、なおかつ無実であるとすれば、もはやその死刑囚は、〈事実のドグマ的真理〉（＝有罪性）の無意識的な拒否の姿勢として「騙《だま》る」よりほかにないのではあるまいか。目の前にいる死刑囚が、自らも人を殺めたことを認めているのか、それとも冤罪を主張しているかどうかは別にして、死刑囚という位置を定め、死刑を執行するのは、法の権力を行使する国家であるのは言うまでもない。

しかし、死刑囚を処刑すべきかどうかについては、法務大臣の判断以外に、法治国家の住人それぞれの判断（法的には無効であるとしても）があってもよい。仮に、ある死刑囚自らが人を殺めた事実を認めている場合でも、やはりその人を国家が意図的に殺すべきではないと考えることは、ちっとも不思議なことではない。法的にも良心の自由と呼ばれる領域が存在するのであり、人を殺めた場合、国家がその人間を処刑することが法にかなっているとする法治国家もあれば、人を殺めてしまったという事実があるにもかかわらず、国家がその人間を殺すべきではないとする法治国家も存在する。法への絶対的依拠を是とする法第一主義以外の立場を受け入れないとしても、前者のような法治国家では、国家による死刑は合法である。

死刑存廃問題にかぎらず、日常生活のさまざまな場面で、法第一主義的立場に立つか、あるいは積極的に異議を唱えるか、さもなくば「騙《だま》る」のかの選択を迫られることがある。もちろん、積極的に反対の論陣を張るのは、最も勇敢な行為ではある。しかし、本当に勇気ある人びとだけがなしうるような、なにものをも恐れず一貫して勇敢な態度を取り続けることは、そう簡単なことではない。逆に、中途半端な勇ましさは、得てしてその偽善性を浮き立たせる場合さえある。ただ、一見してその対極にあるようにみえるバートルビーの一貫した拒否もまた、勇ましくは見えないが、「自餓死」をも恐れないという意味で、勇敢な行為であることも確かではなかろうか。

そのように考えると、おそらくバートルビーは、法第一主義的世界で（しかも法第一主義を非暴力的に否定しつつ）生きていく術として、「しないほうがいいのですが…」という定式を口にすることで、かろうじて自らの「無意識の信念」に忠実に生き延びることができた、という見方も成り立つのではないだろうか。「無意識の信念」というのも、矛盾した言い方ではある。ここでは、「言明化できずにいる状態のままの信念」とでも言おうか。法第一主義的世界では、言明されないものは、「事実」にも、ましてや「ドグマ的真実」にもなり得ない。しかし、私たちには、うまく言葉では説明できないが、それでもやはり一種の「信念」のようなもの（結果的にはそれがどのようなものであれ）が、心にわだかまったままでいると感じることは、そうめずらしいことではない。

「政治には意味がない」「司法に正義はない」などといったつぶやきに共感できるような感覚は、現代では多くの人びとが共有するものではないだろうか。こうした感覚は、法的言語によっては納得しようのないものであり、ましてや法の言語で表現しきれるものではない。「政治に意味がない」という感覚に支配される生活圏では、政治に意味をもたせる言語そのものが失われている可能性があるのだ。もはや政治について語ることには意味がないという感情が支配的になってしまえば、最後には黙って服従するか、はたまた「騙《かた》る」ことを憚《はばか》ることなく賢く立ち回るか、さもなくば実力としての暴力に訴えることしか選択肢がなくなってしまうのではないか。そのいずれでもないものとして、「騙《だま》る」という選択肢はある。傍目からはそれは単なる「黙る」にしかみえないかもしれないが、その一方では、「騙《だま》る」者を目にする人間に、世界を変えてしまうほどの「力」を与えることもあるのだ。

もちろん法第一主義は、現実世界のあり方としては罪刑法定主義として顕現する。中島岳志（二〇〇七）が描くように、「平和に対する罪」という国際法上の概念は事後法であるというその一点で東京裁判を批判したパール判事の姿勢はその例である。大澤真幸は、「とはいえ、しかし、こうしたパールの議論は、一見しただけでは、「矛盾」めいたものを感じさせる。罪刑法定主義を主張している文脈では、法への徹底した拘りがある。しかし、非暴力主義は、「法を超えた愛」に基づくものである。両者はどう関係しているだろうか。愛と法は対立するものではなく、法への徹底した内在、法の純粋な実現こそが、愛だとみなすほかないだろう」（大澤二〇〇八a）と述べているが、矛盾めいたものを感じるのは、罪刑法定主義が、場合によってはきわめて暴力的なものであるからだろう。たとえば、裁判官が徹底して法に拘るとき、「司法は死んだ」という感情が生み出されることがあるのはその例である。しかし、その逆もあり、徹底して法に拘ることで、「司法に正義が取り戻された」という場合もあり得るのだ。

「司法は死んだ」といった見方は、そこには「愛」はないと言っているのと同じである。しかし、その場合は、裁判官は法に拘っていなかった、という判断の上になされていると見るべきだろう。しかし、法そのものが「間違っている」と思われる場合は、むしろ法に拘ることは、「愛」を生み出さないことになる。バートルビーの定式が影響力を生み出すのは、そのような場合である。支配的な法言説を、自らの良心が受け入れられないとき、「騙《だま》る」という選択肢が残されているのだ。（良心に反するものであっても）支配的な法言説を受け入れるしかないとすれば、それは「政治」の死を意味しよう。したがって、バートルビーの定式は、「政治」復活への応援歌でもあるのではないか。政治に意味を取り戻す必要はあるが、いまだそれを表現する言葉が存在しない、そういったときの定式なのだ。表面的には、「黙る」というかたちをとっているようにしか見えないとしてもである。

　刑事事件の捜査段階においては、黙秘は、少なくとも検事側からすれば、辞書的な意味での「騙《だま》り」、すなわち「うわべを偽る」「陰険な心を抱く」という行為に見えるだろう。すなわち、「嘘」をついている、と。容疑者は犯行を否認しているというのが、彼らからする唯一の事実、すなわち「真実」なのであり、冤罪は、最初からその可能性さえ存在しないという立場に立っているのである。一方、自分は犯人ではないという確信を持つ者は、支配的法言説でしか語れない検事の前では「黙る」こと、すなわち、支配的法言説の暴力から逃れるための最低限の抵抗として、検事をすかしなだめ、犯人は自分ではないことを信じてもらえるよう「騙《かた》る」か（しかし最初に結論ありきの雰囲気のなかで実際にそんなことは可能だとは思えない）、もはやそれは期待できないという諦めのもとに「黙る＝騙《だま》る」しかないのではあるまいか。その場合、自らが黙秘権を行使しているという意識さえもっていない可能性がある。つまりこの場合の「騙《だま》る」というのは無意識的なものであり、取り調べ検事が自分の誤りに気がつくといった状態が実現するのは、あくまでもその結果としてなのである。そしてそのときに、「黙る」と「騙《だま》る」が一体のものとして成立していることがわかる。

「黙り」かつ「騙《だま》る」ことから、何が可能になるのか。繰り返すことになるが、それは、政治に意味を与えることである。バートルビーの定式は、政治に（今では失われてしまった）意味を（再度）与えるという潜勢力を生みだすのである。もちろん、バートルビー自身は、そんなことを意識しているのではない。それは、まったく無意識の結果なのであって、本人は、「〈事実の真理〉を意識的に拒否」する、すなわち、「嘘」をついているわけではないのだ。あくまでも、法的暴力によって受け入れを強制されてはいるが、自分は受け入れることができない「制度」に対する、無意識的であり、かつ絶対的でもある拒否の姿勢の現われにすぎないのだ。

「ここでは制度というものを、誰もが気軽に嘘をつき合える場所として定義すべきだろう。…あらゆる制度システムは「それが嘘をつく」という確証の上に構築されている」（ルジャンドル二〇〇六：

二六九）のだとの指摘がある。また、「制度とは何よりもまず言語という制度の具体化なのである」（同書三〇二ページ）とすれば、政治言語という制度のなかでは、誰もが「嘘」を言い合ってよいことになる。

アーレントが言う意味での、嘘をつく能力が事実を変える行為でもあるという意味の重要性が、ここでも確認される。その場合の、嘘をつくというのは、〈（ドグマ的）真理〉を拒否することを意味する。そこでは、嘘をつくことによって、ドグマが規定する〈事実〉を別の〈事実〉へと変更することをめざすことになる。一方"I would prefer not to…"という定式で「騙《だま》る」ことは、〈（ドグマ的）真理〉に対して応答することの拒否であり、その行為は、結果として、ドグマ的真理の〈嘘〉をあばくことにつながり、ドグマ的真理を破廉恥にも支持する者たちがその過ちに気がつく力を生み出す、と言えるのではないだろうか。

意識的に嘘をつくことは、自らが積極的に世界を変えることをめざすものであるのに対して、無意識的に「騙《だま》る」ことはその結果として、消極的といってもよい仕方で、世界を変える力を生み出すのである。いわば、積極的な嘘と、消極的な「騙《だま》り」との協働によって、世界の改変をめざすのだ。

［註：筆者はここで、アイザイア・バーリン（二〇〇〇）の論じた、「積極的自由」と「消極的自由」を思い出す。とりわけ、この「騙《だま》り」の姿勢が、拘束されることのない自由としての「消極的自由」に重なるからである。］

実際にはしかし、ドグマ的な規範への攻撃は、世間の諧調を乱すと見なされやすい。共同体の道徳的規範の喪失が社会を混乱させるのだといった主張は、古くからなされてきた共同体主義者の信念でもあるように。そうした信念がもたらす脅迫的効果として、政治には意味がないといった、シニカルな態度が形成されることになるのだ。そうした流れを押しとどめんとする勇気を与えてくれるのが、アーレントの次のような言葉だ。いわく、

基準の消失が道徳的世界の破滅となるのは、人間には本来物事そのものを判定することはできないのだと か、人間の判断力というのは根源的な判断のためには十分なものではないのだと思ってしまう場合だけである。そうなれば、判断力に期待されるのは、既知の規則を適用するか、すでに存在している基準を事柄に即して当てはめるしかなくなるだろう。（アーレント二〇〇四：一六）

自ら意識的な嘘をつくこと、あるいは正面から異を唱えることで、積極的にドグマ的知に働きかけることも一つの方法かもしれない。通常そうした積極的な姿勢は勇ましく見えるし、そのような指導者を待ち望む大衆感情もたしかに存在する。実際そのようなかたちで世界を変えることができるのは、個々人の下す「判断力」に力があることの証でもあろう。未知数のものを既知数に置き換えることを批判した末弘の主張と同様に、人間の判断力のもつ潜在的な変革力を信じなければ、政治に意味を取り戻すことはできないのだ。

一方、バートルビーのように「騙《だま》る」ことは、積極的に働きかけるわけではないという意味で、たしかに消極的ではある。またそれは、一見して単なる現実逃避にもみえるがゆえに、意図的になされた行為であると誤解されやすくもあろう。しかし、決して現実から逃走しているのでもなく、また意

識的にそうしているのでもないのだ。たしかに、ドグマ的知に応答することを拒否している姿は、ドグマの力に服従してしまっている（すなわち、「既知の規則を適用するか、すでに存在している基準を事柄に即して当てはめる」ことでしか判断できない）者たちの目には、現実からの逃避であるとか、気が狂ったとしか見えないだろう。

しかしバートルビーは、ドグマ的知に独りで異議申し立てすることの無力さを知りぬいているがゆえに、表面的にはただ黙っているにすぎないのだ。そのような彼の姿は、周りから見れば、現実を逃れようとしているだけにしか見えないのだが、しかしその「異常さ」を目の当たりにした者たちに、結果としては積極的に働きかけている（見る者の心を揺さぶる）という関係性が作り出されるのではないか。彼にとって「騙《だま》る」ことはやむにやまれぬ無意識的な行為ではあるが、彼を観察する者たちの意識に積極的に働きかけるという形で、バートルビーの身振りそのものが、ドグマ的知の支配する世界を変える力を生み出す、と言えるのだ。バートルビーのような絶対的拒否を貫く者の姿勢を見せつけられることによって、ドグマ的知に従属することで安定をはかろうとする、おのれ自身の破廉恥さを思い知らされるからだ。もちろん、ここで重要なことは、私たちに、廉恥の感情としての恥ずかしさを起動する力がまだ残っているかどうかにかかっていることは言を俟《ま》たない。

嘘をつくことは、支配的知を意識する主体が、それを知りつつ敢えて行う判断、すなわち行為する側の判断に基づく行為であるが、無意識的に「騙《だま》る」ことは、その行為者本人がその意味を十分知りえたうえでの行為ではなくて、〈真〉とは、あるいは〈善〉とは、本当のところ何なのかといったことを再考するよう他者に促す行為となるのだ。換言すれば、前者の判断とは、「行為する者が自ら下す判断」であり、後者は「受け取る側が下すことを促される判断」である。ともすれば、前者のタイプの判断は、もしその根拠としてドグマ的知を基準として下される場合、〈事実〉を変えるというアイロニー的な意味での積極性を損なう形で、むしろ現状維持に貢献することもある。それに対して、後者のタイプの判断は、否応なしに突きつけられる「異常さ」ゆえに、「常識的な」者たちをして自らの判断基準の適正さを疑うことへと導くのだ。私たちにはそうした「判断力」が備わっていることは、日常的実践のなかで出会う、何か変だな、恥ずかしいな、どうしてなんだろう、と考えさせられることが誰にでもあることを考えれば、容易に思い至る事実だ。判断力なるものは、決して共同体における規範の喪失によって萎えてしまうものではないということ、むしろそれまで信じ込んでいた規範が当てはまらなくなった事象を目の当たりにしたときにこそ、その規範の妥当性を疑い、共有されうる新たな規範を協働で作り上げていくという希望につながるのだ。そのように考えられるのではないだろうか。

「騙《だま》る」ことによる徹底的拒否の姿勢は、それを見るものに、否応なしに、廉恥の感情を起動することを求めてやまない、最も強力な触媒たりうるのではないだろうか。すなわち、なにがしかを騙《かた》ることに感《かま》けてばかりいる者たちに対する、最も痛烈な一撃に。もちろん、私たちに、微かではあれ、廉恥の感情を燃やしうる火種が残っていればの話ではあるのだが…。もしそうでなければ、私たちのどのような語りも、結局は、自らの保身のために人を欺くための騙《かた》りにしかならない。

言語活動の瀆神性

「最低でも県外」。まだ記憶に新しいこのフレーズに、私たちはさまざまな思いを重ねて普天間基地の移設をめぐる報道を見聞きしていた。鳩山由紀夫首相は、最終的には辺野古を埋め立てるという自民党案を受け入れたとして非難され、結局総理を辞任することになったのだった。

鳩山氏の語りのなかでも、「友愛」という言葉はとくに、抽象的でつかみどころがなく、現実味に欠けるといった論調で揶揄された。もっともその批判においてさえ、「宇宙人鳩山」といった、批判にもならない無駄口をたたいていたのも当のメディアだったことも忘れるべきではない。

ここで考えてみたいのは、国外もしくは県外と、普天間基地の受け入れを強制され続けてきた沖縄県人のみならず、多くの人びとに期待を抱かせるような言動を続けた「〈私〉としての鳩山由紀夫」なる「人格」についてである。ことごとくその期待を裏切った人物というのが、辞任に至るまでにメディアがつくりあげていった人格像ではあった。「最後は私が決める」と指導力を誇示するかのごとく、「五月末までには決着する」と自信の程を示し、オバマ米国大統領に対しては「トラスト・ミー！」と言ったとか言わなかったとか、さんざん批判され続けたのだった。

この一連の推移に私たちが見出すのは、「総理大臣」としての「ハトヤマユキオ」なる人格は、鳩山氏による実際の発言と共に・発言のなかで形成されたものであったという、ある意味で平凡な事実である。しかしこの平凡さのなかにこそ、語ることによってはじめて、その語るという行為のなかでしか、「総理大臣」としての「ハトヤマユキオ」という人格が存在できないという事実が観察されるのだ。わかりにくいかもしれないが、もちろん「鳩山由紀夫」なる名をもつ生物は、語ることとは無関係に存在できるが、世間が期待しているある人格像をともなった存在としての「総理大臣ハトヤマユキオ」は、「総理大臣」としての発言のなかでしか存在できないのだ。もちろんここでは、彼の発言が首尾一貫性を欠くことを批判することの意義を否定するものではない。

たしかに、批判にさらされた彼の言動はただの「騙《かた》り」、すなわち彼の「本心」とは異なる、いわば政治的な騙りにすぎなかったとしてすますこともできるかもしれないが、民主党に（そしてその代表である鳩山氏に）対する期待の大きさを感じ取ったがゆえに、その思いが鳩山氏の口をして「語らせた」と受け取るほうが建設的だ。むしろ、期待を高めておいてはしごを外したけしからん奴といった人格像で「総理大臣」としての「ハトヤマユキオ」を捉えることは、仮にそれが真実に近いとしても、私たちにはなんの利益ももたらさないからである。

メディアは、「言語活動を見世物の領域に分離することによって、空回りの状態に、すなわち、その可能な瀆神的潜勢力にゆだねようとする」ものであるとして、アガンベンはつぎのように書いている。

> メディアの装置は、まさしく、純粋な手段としての言語活動がもつこの瀆神的な力を中和するという目的、それが言葉の新しい使用、新しい経験の可能性を開くのを阻止するという目的をもっている。（アガンベン二〇〇五：一二八―九）

日米安保に安住して沖縄海兵隊の抑止力の必要性を騙《かた》る言説を破壊するほどの内容をもつ「総理大臣ハトヤマユキオ」（の口を通して語らせた人びと）の「語り」を、メディアは見世物にした。しかし、「総理大臣ハトヤマユキオ」の発言を文字通り受け止めるなら、日米安保の枠組みそのものに変更をせまるものであるという意味でも、それは「瀆神」的な力をもつものであったのも事実なのだ。ここでは、鳩山氏が、本当に心からそう思っていたのかどうかということは、二義的な問題である。それは鳩山氏本人にもわからないことかもしれないのだ。彼はただ、（名状しがたい何かはわからない力によって）あのような発言を続けざるを得ない状況におかれた、というのが事実に近いと筆者は思う。なぜなら、人間には、その置かれた状況のなかで、発言するそのときどきにおいて、自分の意思なのかどうかさえ本人にもわからないような力によって、言葉が口をついて出てくるようなときがあるからだ。そして、そのときどきの語りのなかにこそ、〈私〉が在り得るというこれまでの議論からしても、そのことは言える。

〔註：辞任に際して、次の衆院選には出馬しないと明言し、次期首相として菅直人氏を押した鳩山由紀夫氏は、その後三カ月もたたぬうちに行われた民主党代表選において、自分を総理の椅子に座らせてくれた小沢先生を応援することこそが「大義」であるとまで言ってのけた。長い永田町生活で恩義を受けたというきわめて私的な感情を、代表選という公の場における行動と直接結びつけることに対する恥感覚の欠如には驚かされる。まさに小沢一郎という人物への友愛精神をして、その時々の「ハトヤマユキオ」なる一人格が、その時々の語りのなかでヒョイと現われることを可能にしているのだろうか。〕

アガンベンはまた、次のことも指摘している。「事物、場所、動物または人を共通の使用から除外して、分離された領域に移すものが宗教であると定義できる」（同書一〇六ページ）と。鳩山氏の言説を見世物にすることも、「分離された領域に移す」ことと同義であると（筆者は考える）すれば、それは「宗教」だったのか、と驚かされる。しかし、自民党政権を倒すことにつながった多くの人びとの思いの覚めやらぬうちに、発言の内実とその政治的帰結の齟齬に基づいて、首相の資格なしとの批判を大合唱するさまは、ある種の「宗教」的力の存在をリアルなものにする。それは、ハトヤマユキオの発言に自らの立場を重ねあわせて、個々の内面においてはメディアの批判とは異なる見方をしていた人びとにとっては、在沖海兵隊の「抑止力」の論理に世論が圧倒されていくのをみるにつけ、そうした思いを強くしたのではなかったか。かく言う筆者もその一人だ。「靖国も皇居もそうですが、聖域というものが設置されれば、理の当然、公共空間はなくなる。…私のいう「公共空間」とは…われわれの内面にもある、だれもが共有できる公共空間、全民所有の公共空間のことです」（辺見二〇〇六：一二二）との指摘にも、「純粋な手段としての言語活動がもつこの瀆神的な力」の無力化に貢献するマスメディアの影響力が、いかに強いものであるかと考えさせられる。

言語活動がもつ瀆神的な力を利用する意志をもつことは、状況に逆らう力・勇気を発揮することにもつながる。「場」の規範を受け入れず、それでもなお状況への発言を厭わない勇気を発揮しなければならない場面に立たされるとき、むしろその状況から逃れたいとの願いはことのほか強い。だからこそ敢然と立ち向かう人は、もちろん尊敬すべき人格として現れる。しかしバートルビーのように、「しないほうがいいのですが…」といった「騙《だま》り」の姿勢にも、言語活動のもつ瀆神的な力を見出すことができはしないか。見る者に対して恥の感情を抱かせるにたる「騙《だま》る」存在。そのような存在として顕現化するための起動力となるのが、生まれながらにして背負う〈宿罪〉にもかかわらず、既に赦されているという「負い目」の感情である。その負い目を正面から引き受けること。それが、恥ずかしさの復権につながる一つの道であることは疑いない。

ただし、この負い目の意識は、他者に強制されるものであってはならない。話すことなどないのに話すことをやめることができない存在としての人間は、その正当化の根拠として「何ものかによって赦されている」という感覚に頼らざるをえない。神かもしれないし、名状しがたいある種の超越的なものかもしれないような何かに。あるいは、単にそうとでも考えなければ話すことなど正当化されようがないからだけなのかもしれない。いずれにせよ、何ものかを参照していることには違いない。

実際私たちの日常においては、「過ち」(＝負い目がある状態)を受け入れることを強制される場合が多いのも事実だ。「過ち」を、「自然的な生を法権利と運命の秩序の内に書きこむことにほかならない」(アガンベン二〇〇三：四四)ものとして捉えるアガンベンは、「過ち」を犯したとされ裁かれる人間として、その違反行為を法的秩序へと抱合する法的暴力の対象となる人格を、「ホモ・サケル」と呼ぶ。この「聖なる人間」という意味の人格は、法に従い・法を守る者なら誰もが殺すことを許される存在である。すなわち殺しても罪を問われない存在としてのホモ・サケルは、秩序から排除されるのみならず、いわば秩序に囚われるという、両義的な存在であるとされる。

こうしてホモ・サケルとされる人間は、ある種の行為が過ちであったことの負い目を強制されるのである。過ちは、必ずしも刑法上の犯罪として認知されるものにかぎらない。所属共同体の規範を侵害することも、すべて過ちとなるのだ。したがって、そのような過ちは、いわば無実の罪を着せられるといった状況のように、自らはそれとして受け入れることができない場合もあるだろう。しかし、いったんホモ・サケルとして認知されてしまった存在は、共同体から排除されることになる。それはまさに、「排除によって抱合されるということ、自分が排除されてある何か、自分が全面的には引き受けられない何かと関係をもつ」状態におかれるということを意味するのであり、また「過ちは、法の純粋な発効を参照し、自らが何かを参照しているという単なる事実を参照するのである」（同書四二ページ、強調傍点菊池）というのだ。

この「自分が全面的には引き受けられない何か」とは、例外状態をつくりだすために必要な法的諸範疇のもつ効力であるが、実はその効力は、もともと固定化された意味をもたないものである。意味のない効力としてそこにあるというのは、それは言葉によって定義不可能なもの、すなわち「何か」としか言いようのないものであるからなのだ。意味をもたない効力によって己の運命を、己のあずかり知らないままに決定されるのであるから、それを全面的に引き受けることなどできないのは当然だ。にもかかわらず、排除されてあることを事実として受け止めること以外に方法がない状態に置かれるとき、何かはわからないが、何かを参照しているという事実のもとで生きていることになる。そして今日、過ちを決定するのは裁判所であるのだが、（己が犯したと決定された）過ちを受け入れるとき、すなわち締め出されているという動かせない事実によって自らに有罪であると言い聞かせるとき、茶番としてしか受け取れない判決は、結局は、万人を納得させるうえで何の効力を発揮することもできなくなってしまうのではないか。全面的に引き受けられないもののもとに引き渡されている状況がそこに現れるのである。

　ユダヤ人であるという理由だけで殺されなければならないときに現れた青年の赤面も、ユダヤ人であることが「過ち」であるとする法的暴力によって己の運命を決定づけられたとき、すでにあらゆるユダヤ人が締め出されているという、己の力ではどうしようもない状況、すなわち例外状態に置かれている者が、どうしても引き受けることができない状態に突如として置かれることになったときに現れたもの、と考えられるのだ。ユダヤ人であることになぜ「過ち」を感じなければならないのか、それはどうしても引き受けることのできないものである。彼にとっては、その「過ち」への「負い目」を強制されることが恥ずかしいのだ。その意味では、こうした恥ずかしさの感情は、悔しさの感情にも似ている。

　同様に、「何か（＝曖昧なものとしての法的諸範疇）」を後ろ盾にして誰かに負い目を強制する者を見るときも、その厚かましさに対して恥ずかしさを感じるのだ。もちろん全面的に己の過ち＝負い目を自ら受け入れるときであっても、人は恥ずかしさを感じる。それは負い目を強制されることなく負い目を感じることであるが、その場合は、己の行為を裁く基準となる法的範疇を、己を裁く者たちと同様に、自らも受け入れているわけだ。しかしそのとき、自らが過ちを犯したということを認め、そのことに対して負い目を感じることはあっても、それがもとで裁かれることとそれ自体を恥ずかしいとは思わないであろう。

［註：無期懲役囚である美達大和は、「他者の生命も人生も夢も奪ってしまった者として、なぜそのような醜行を犯してしまったのか徹底的に自己を省察し解明することは、責任であり義務だと解しています。被害者や遺族

に対する気持ち以外に、自らが行ったという事実に対しての責任です。虚心坦懐に自分の非を見つめ、厳しい態度で過ちを知り、糺す努力をしなければなりません。その上に償いや贖いがあると考えています」（美達二〇〇九：二四九）と語る。「社会に出るかどうか心配し、己の欲望に身を焦がすより、ここが人生と決めて腰を据え生活するほうが、ずっと豊かな気が」すると、「人の命を奪った人非人である私が、獄にありて幸福感を知った」ことを自嘲的に語りつつ、「どのように生きるかではなく、どのように死ぬか、何をなして終えるかという視座の毎日ですが、自分は幸福な奴と複雑な心境でもあります」（同書二四四ページ）と語る姿勢には、犯した罪の法的責任にとどまらず、その道義的責任まで引き受けていることからくる、一種の満足感さえ読み取ることができよう。」

ホモ・サケルとして有罪を宣告されても、「この罰は、彼の罪を贖い、有罪者自身を浄化しもするが、それは罪からの浄化ではなく、法権利からの浄化である」（アガンベン二〇〇三：九八）という。彼はそもそもなぜ自分が有罪を宣告されなければならないかを完全に理解し納得しているわけではなく、ただ一方的に宣告されるだけの存在となっているからだろう。法権利からの浄化とは、あらゆる法権利を奪われた存在、「剥き出しの生」としてそこに置かれるということにすぎない。

もし彼が、有罪宣告こそ過っているのだと感じているとすれば、有罪宣告を下す者のほうが、法的暴力を行使する（法権利を主張する）ことに対する「負い目」を感じなければならないはずだ。負い目を感じなければならない者こそが本来の罪ある者であって、本人が自覚しもしない負い目を押しつけられることなど出来ない相談だ。冤罪に顕著なように、本人が認めることができない「過ち」への負い目を有無も言わせず押しつけることができるのは、法的暴力のみによって可能となるのだ。しかし有罪宣告は、処刑される者の自覚する負い目（＝無実の罪を着せられているという意識）を浄化するのではなくて、あくまでも法的暴力の行使を正当化する法的効力によって、有罪を宣告されたに過ぎない者の本来もつことが可能な法権利を奪うというかたちで、彼を「聖なる者」にするのだ。それが、法権利からの浄化の意味するところだろう。しかし、処刑される者が、処刑される寸前にでも、この「人間としての、沈黙の恥」を死刑執行人の振る舞いのなかに見出すことができれば、彼の意識を養う「人間としての、沈黙の恥」は、後世の誰かに引き継がれる可能性が生まれる。

カフカは、自己保身のために人間としての恥に沈黙を決め込む卑劣な人間を「犬」と呼ぶ。「いつわりが世の秩序に成り上がった」(カフカ二〇〇六：二八九)人間界を支える破廉恥な者どもは、「犬小屋のようにしてベッドの下を指示されれば、いそいそともぐりこむ。言われたとおりに吠えもする」(同書二五六ページ)犬なのだ。『審判』の最後で処刑される寸前のこと、執行人は、まさにそのような犬として描かれ、次のように結ばれる。「「犬のようだ!」と、Kは言った。恥辱だけが生きのびるような気がした」(同書二九九ページ)と。

アガンベンは、「ヨーゼフ・Kは、死刑執行人のナイフが自分の肉に貫通しようとするとき、最後にはっとひらめいて、彼より先に生き延びる恥にしがみつくことに成功する」との短い註釈を挿入している(アガンベン二〇〇〇：一三六)。死刑執行を命ずる権力に盲従することこそが恥ずかしいことであるのを感知した彼の意識は、それを絶たれる前に生き延びて、後世の誰かに「人間であることの、沈黙した恥」を伝える可能性が開かれる。執行権力の破廉恥さに気がつくことなく処刑されてしまえば、己の負い目(ヨーゼフ・Kの場合は、不条理な強制力によって自らは認めることのない有罪性を無理やり受け入れさせられること)を解くことは永久に叶わなくなる。処刑寸前にそのことに気がつくことによって初めて、強制された「負い目」から解放されるのだ。処刑の瞬間においては、生物としての命は機能的には絶たれることになるが、死を意識するそのときに際して、自らの意志で恥じることのない死へとわが身を委ねることができるのだろう。註釈はそのように読み取ることができるように思う。

〔註：ちなみに、「犬のようだ！」に関するアガンベンの解釈は、筆者のものとは異なる。「ヨーゼフ・Kが「犬のように」死のうとしているとき、死刑執行人の小刀がかれの心臓のなかで二度回るとき、かれのうちで、恥ずかしさのようなものが生まれる。「あたかも、恥ずかしさがかれよりも長く生き残ることになっているかのようだった」」（アガンベン二〇〇一：一三九）と。いわば、ヨーゼフ・K自身の「犬死に」を捉えているのだ。ただ、人間としての恥を死刑執行人の振る舞いのなかにみてとろうが、己自身の死を犬死にと捉えようが、その恥がヨーゼフ・Kの死後も生き延びることは変わらない。後者の場合には、犬死にを認識することが、その恥をつかまえることになるわけだ。〕

「引き受けることのできないもの」を「引き受けた」瞬間、己自身の恥は消失するかにみえるのはなぜだろうか。いわば、ホモ・サケルから「聖像」への転換が起こるのだ。それは、死刑が執行されるその直前、死刑執行人の振る舞いのなかに「恥」を見出すことができることと結びついているからではないだろうか。死刑制度の維持を望む人間たちは、自らは手を下すことなく死刑に同意しているという意味では、死刑囚は、そのような人間たちによる無条件の殺害可能性へと露出されていると言っても過言ではない。その意味では、「法的秩序の一方の極にある主権者とは、彼に対してはすべての人間が潜勢的にはホモ・サケルであるような者であり、他方の極にあるホモ・サケルは、彼に対してはすべての人間が主権者として振る舞うような者である」（同書一一二ページ）のは疑いない。

過ちを犯したとして断罪されるとき、すなわち負い目の状態を引き受けさせられたまま死刑に処されるさまは、十字架にかけられたイエス・キリストの姿にも重なってみえる。だから、「聖化を惹き起こす過ち」とは、「対応する制裁がその後に続くような規範の侵犯という性格をもたない。それはむしろ、人間の生が、無条件の殺害可能性へと露出されて政治的次元に抱合されるという、原初的例外化をなしているると言える」（同書 一二三ページ）のだ。聖人のイメージは、「私的な圏域と公的な機能とが余すところなく一致する」とき、死してなお、「活ける聖像」（同書二四九ページ）として後世に伝えられていくことになるのだ。見る者たちに己の存在を恥ずかしいと感じる意識を喚起する聖なる存在。嘘のない存在。語る術をなくして語ることはできないが、個としての徹底的拒否の姿勢で横たわる存在を前にして、畏怖の念にも通じる廉恥の感情が突然湧き上がってくるような場面を、筆者は想像する。

しかし、である。この種の恥は、この先本当にどこまでも生き延びることが可能だろうか、とも思わずにいられない。私たちが生きる今という時代、「いたるところ恥だらけなので、ほとんどすき間なく恥で覆われているために、恥ずべきことなどなにひとつ視えなくなり…」（辺見二〇〇六：一七）と言わしめるような、「一切に譲歩しなければならない」（アガンベン二〇〇一：一四二）という「譲歩という名の原則」としての「和解主義」とでも呼べそうな伝染病が蔓延するなかで。

恥が生き延びていくような感覚は、負い目を強制されたまま処刑される者が誰しももちうるとはかぎらない。むしろ、「悔しい」という思いを抱いたまま、悔やみの感情だけが生き延びていくように感じることも多いのではなかろうか。ホモ・サケルとされてしまった人間が、「正当性の全面的な不在という条件のもとで生きている」（アガンベン二〇〇〇：一三〇）というなら、すなわちいま私たちすべてがホモ・サケルのような生を生きているというなら、なおさらだ。

「悔しさ」の感情について、パレスチナを四〇年にわたって取材してきたフォトジャーナリストで、硬派の報道写真誌として知られる『DAYS JAPAN』の編集長でもある広河隆一は自らの長編映像をめぐるインタビューのなかで、「ガス弾から逃げながらの映像もあります。体が拒否しても取材するのは何がそうさせるのですか」との問いに、次のように語っている。

> あの虐殺以後は悔しさです。死体にしかシャッターを切れない悔しさ、知った子どもが殺されてしまう悔しさ。…その後、ロケット弾で彼女（難民キャンプで出合った女の子）も家族も殺されたと聞いた。そんな人間のつながりを絶たれたことが何度もあった。その悔しさでジャーナリストを続けているみたいなところがあります。
>
> （『東京新聞』夕刊二〇〇八年五月一六日「弱い側に立って報道の重さ知る」《あの人に迫る》欄）

広河氏の語る「悔しさ」は、強大な暴力によって命をもてあそばれる人びとを前にしたときに湧き上がってくる、暴力を行使する者への怒りと、それに対する己の無力感のような感情として語られている。当然それは、恥の感情の強度を高めるエネルギー源の一つであることは疑いない。

しかし、悔悟の念となると、その取り扱いは要注意だ。アガンベンによれば、「悔悟ははじめから、道徳と法権利との間に曖昧な妥協として姿を現すのだ」（アガンベン二〇〇〇：一三四）という。私たちの社会では、「大変遺憾に思う」という常套句は、その典型的な定式の一つだ。悔悟には、「過ち」を問われている人間が悔いる態度を示すことによって、処罰を免れたり減刑してもらうといういかがわしさがつきまとうのは、イタリアでも同じらしい。「恥は悔悟の序曲であり、悔悟は今日イタリアでは切り札である」として、次のように述べている。

悔悟がイタリア人と善との関連を形成するものであるなら、恥がイタリア人と真理との関係を支配している。そして悔悟がイタリア人にとって唯一の倫理的経験なのだから、イタリア人には、真なるものへの関連は恥であるもの以外にはない。しかしその恥は、それを感じるべきだった人びとよりも生き延び、理論上の真理のように、客観的かつ非人称的なものになった恥である。決定的な部分が悔悟に関わっている訴訟にあっては、恥が、既判事項へと移行しうる唯一の真理である。（アガンベン二〇〇〇：一三五、強調傍点菊池）

内的な痛悔ではなくて、「曖昧さのない外的な行為の遂行」（同書一三三ページ）こそ真の悔悟であるとする考え方によれば、外面や容姿がみっともないことに対する恥こそが、重要になってくるのだ。「理論上の真理のように、客観的かつ非人称的なものになった恥」というのは、まさにそのような羞恥心のことであろう。己の過ちを悔いている姿勢を示すことが死刑判決を避ける唯一の要素になっているような訴訟においては、己の行為が恥ずかしいものだと認識していると他者に認められることによってはじめて、死刑判決を回避できる可能性が生まれる。ただし、ここでの恥は、みっともなさの基準としての恥ずかしさであれば十分であり、廉恥心としての恥ずかしさではないのだ。その意味では、ヨーゼフ・Kが処刑される寸前にしがみつくことのできた廉恥の感情とは別種の恥だと言えよう。

この種の羞恥心の強度をはかる「みっともなさ」の基準は、あたかも「理論上の真理のように、客観的かつ非人称的なもの」となっていくと、それは自己の内部に己自身が築き上げる基準ではなくて、共同体の構成員が受け入れることを強制される、一種の「場」の規範と一体化したものになっていくことが理解されよう。

そして、言語活動が本来的にもつ瀆神的な力を奪ってしまうのが、この「みっともなさ」の感覚に成り果てた羞恥心なのではないだろうか。なぜならば、こうした恥の感覚が、自らの語りを「場」の規範から一寸たりとも外れぬよう監視し続けるからである。そして、「場」の規範の暴力をあばくのが、言語活動のもつ瀆神的潜勢力にほかならないのだ。

「壁」と向き合う物語的自己

恥ずかしさの基準が、「場」の規範と一体化すると、「みっともなさ」としての羞恥心は、限りなく肥大化していくことは避けられない。反比例するように、廉恥の感情は限りなく薄れていくことになる。その結果、社会の一員としての個人は、「みっともない」と見なされないよう心がけ、周りに対する配慮を常に怠らないようになっていく。そうした脅迫的な日々の営みに疲れ果て、いったん自らを「負け組」と意識した日から、社会に対する恨みを募らせていくのではないだろうか。そのときにはすでに、自分が「大切にされているという実感」は失われてしまっていると思われる。そうした実感を喪失していくプロセスは、「物語的自己」の感覚が変容していく過程と軌を一にするのではないだろうか。
マッキンタイアやサンデルのような共同体主義論者からすれば、「物語的自己」の感覚は、米国における黒人奴隷制度や第二次大戦中のユダヤ人虐殺に対して、現代の米国人やドイツ人がその罪を負う必要はないとする考え方に対する反論として有効な考え方であるのは確かだ。同時に、過去の世代が犯した罪を現代の人間は負う必要がないという考え方は、恥感覚の変容を考える上でも考慮しなければならないものである。すでにふれた、「自分のものでありながら自分のものではないようなもの」（アガンベン二〇〇一：一四一）という感覚は、まさに「物語的自己」の感覚があってこそ感受しうるものであり、「引き受けることのできないもののもとに引き渡されること」という「恥ずかしさ」の定義それ自体、この物語的自己の感覚をその起動源とするものであるからだ。

ここで恥の感覚を意識する自己の物語はどのようにつくられていくかを、「サバイバル登山家」を自称する服部文祥の語りにみておこう。

第二次ベビーブームに生を受け、生きることに関しては、なにひとつ足りないものなく育ってきた。いま思えば、そんな小ぎれいで暖かく食べ物があふれた生活に、どこかでやましさを感じていたのだと思う。幼いながら自分がズルをしているような気がしたのだ。
幼い頃、自分の生活のどこにズルさを感じていたのか、今では少しわかる気がする。頭や体を使わなくても生きていける生活そのものに疑問があったのだ。…自分が生きるための判断は、ほとんどしていなかった。自分の人生においてすら、私は「ゲスト」だったのだ。

（『朝日新聞』二〇〇九年二月七日［異見新言］「サバイバル登山　生＋死＝命　だから面白い」）

こうしたモノに溢れた社会で生きる自分のズルさ・やましさを感じる恥ずかしさを、自著では次のように語っている。

自然の生き物であるはずなのに、不自然な文明の恩恵で弱っちいまま存在している自分が恥ずかしいのだ。（服部二〇〇八：二一五―六）

さらに同じ著書で、一切の装備なしで、しかも仲間からの支えもなしに、自らの肉体一つで壁と対峙するときも、こうした恥の感覚がベースとなっているとも語っている。

フリークライミングとは、簡単に言えば手と足だけで岩に登ろうということだ。「おまえ、ズルしないで、ここ登れる？」というのがその精神である。（服部二〇〇八：三二）

ズルさや疚しさを嫌う姿勢から生まれるこうした恥ずかしさの感覚は、先のアガンベンの恥の定義にしたがえば、「自分のものでありながら自分のものではないようなもの」のもとに引き渡される感覚であろう。己の内面のズルさや疚しさを見て見ぬふりをすること、同時にそのズルさや疚しさの感覚は紛れもなく自分のものであること、しかもその二つの感情の働きから逃げ出すことができぬまま己の疚しさに知らんぷりを決め込むことが、恥ずかしいのだ。服部氏にとっては、そうした葛藤がナルシシズム的な逃避に陥ることなき自分を確認するための手立てが、サバイバル登山であり、死と背中合わせのフリーソロでの岩登りなのであろう。

岩壁に張りつきながら思う死を次のように語るのは興味深い。

自死という概念は自分の命を自分が握っているような気分にさせてくれる。だが実際に握っているのは命ではなくて「死」だ。自分の力で死ぬことができるにすぎない。（服部二〇〇八：二一九）

そのような思いから、山仲間の死について書き散らして原稿料をもらうことの恥ずかしさについても、率直に語ることができるのだろう。

人の死をダシにして、自分や他人の感傷を引き出すことほど恥知らずなことはない。特にものを書く登山家が仲間の死をネタに読者の気を惹くのは破廉恥である。（服部二〇〇八：二五四）

己の恥ずかしさを基盤とする服部文祥の物語的自己は、サバイバル登山の途中で釣って食すイワナや、獲物として銃で仕留める鹿の命を奪うことに対する内面的分析にも見られる。食べるために、すなわち自分が生きるために他の命を殺めることへの、ありがたさとともに、なぜそれが許されるのかはわからないまま、しかもそのことを忘れてはならないのはなぜか、その意味を問い続ける物語として読むことができるのだ。もちろん彼は、サバイバル登山といってもせいぜい何週間かのことであり、下界に戻れば、己の恥ずかしさをまた意識せざるを得ない、なさけない自己像を認めないわけにはいかないことも率直に告白する。筆者はそうした彼の廉恥心の現れ方に好感をもつ。

一方、同じ「壁」を前にしての語りでも、こうした恥の感覚とは別の物語を見ておこう。二〇〇九年に作家村上春樹がエルサレム賞を授与した際、受賞を辞退すべきだとの声もあがっていたが、彼は敢えて受賞することでその批判に応えようとした。そのときの思いを、次のように語っている。

> その［「受賞を断った方が良い」という批判の］理由はもちろん、このたびのガザ地区における激しい戦闘にあります。これまでに千人を超える人々が封鎖された都市の中で命を落としました。国連の発表によれば、その多くが子供や老人といった非武装の市民です。
>
> 私自身、受賞の知らせを受けて以来、何度も自らに問いかけました。この時期にイスラエルを訪れ、文学賞を受け取ることが果たして妥当な行為なのかと。それは紛争の一方の当事者である、圧倒的に優位な軍事力を保持し、それを積極的に行使する国家を支持し、その方針を是認するという印象を人々に与えるのではないかと。それはもちろん私の好むところではありません。私はどのような戦争をも認めないし、どのような国家をも支持しません。またもちろん、私の本が書店でボイコットされるのも、あえて求めるところではありません。
>
> （エルサレム賞受賞スピーチ、村上二〇〇九：一五九）

その上で、過去に「スーザン・ソンタグやアーサー・ミラーなど、…イスラエルに対してかなり批判的なスピーチをした人」も受賞していることを担保に、「「そこに行くな」「それをやるな」といわれると、とくにそのように警告されると、行ってみたり、やってみたくなるのが小説家というもののネイチャーなのです」と、一種のへそ曲がり的感情が受賞を後押ししたのだという。そして、受賞スピーチで最も話題になった部分、「もしここに硬い大きな壁があり、そこにぶつかって割れる卵があったとしたら、私は常に卵の側に立ちます」と、ガザの「子供や老人といった非武装の市民」の側に立つのだとしか受け取れないような文言が入る。続く言葉はそれを裏づけるかのようだ。

> そう、どれほど壁が正しく、卵が間違っていたとしても、それでもなお私は卵の側に立ちます。正しい正しくないは、ほかの誰かが決定することです。あるいは時間や歴史が決定することです。もし小説家がいかなる理由があれ、壁の側に立って作品を書いたとしたら、いったいその作家にどれほどの値打ちがあるでしょう？（エルサレム賞受賞スピーチ、村上二〇〇九：一六一、強調傍点 菊池）

だが、この言い回しにはどこか矛盾したところがないだろうか。

小説家なるものは、「真実のありかを、自らの中に明確にしておかなくてはなりません」とする一方で、「正しい正しくないは、ほかの誰かが決定することです。あるいは時間や歴史が決定することです」ということとは矛盾する。もちろん、〈真実〉なるものは、人間には分かりはしないのは当然である。しかし、自らの信条に照らしてみて、正しいとか正しくないのではと「思う」あるいは「判断する」ことまで、歴史的時間にゆだねるべきではないだろう。それは単なる責任放棄になってしまうのではあるまいか。ただこの部分は、自らの謙虚さを率直に語っていると考えることもできよう。

問題なのは、「卵が間違っていたとしても、それでもなお私は卵の側に立ちます」という部分だ。これは一見、絶対的権力を前に立ち竦《すく》む脆弱な個人の側に立つと表明しているように見えるが、実際には、壁を擁護する立場をとったものになっているのではないだろうか。それは次のように考えられるからだ。

「どれほど壁が「硬く」、卵が「柔らかかった」としても」ではなくて、なぜ突然「正しい」とか「間違って」といった価値判断の言葉が導入されなければならないのだろうか。すなわち、この仮定自体に無理があると考えられるのだ。通常、常に弱者の側に立つという言明が尊敬に値するものであるのは、強く硬い「壁」である「システム」が公正ではないという価値判断があるがゆえにこそ、命を賭してまでもそれと戦うからではないのか。すなわち、ぶつかって壊れてしまうことの美学に酔いしれるのではなくて、死をも覚悟して突進するかのような「卵」は想定されていないように思われるのだ。たしかに正しいか正しくないかは、神ではないから分からないかもしれない。しかし自分は正しくないように思うからこそ、自らも脆い卵であることを省みず、無謀にも硬い壁に挑む、というほうが自然ではないだろうか。つまりこれは、最初に壁が「硬い」ではなくて、「正しい」と想定したことから無理が生じたと言えるのではなかろうか。だから、一方では自らの価値判断を避けて中立を装いながら、それでもなお常に壊れやすい「卵」の側に立つというのは、死を覚悟して壁に望む姿勢としては理解しがたく、かつ無責任になってしまうように見えるが、どうだろうか。

意地の悪い見方をすれば、だからこそ、本当は様々な政治的解釈を呼ぶような事態は避けたいと願う本心が暴露されることを恐れているかのように、あえて価値判断をともなう言葉を使ったようにとれなくもないのだ。通常、武器を持たない民衆がシステムを体現する者たちめがけて投げつける「石」が「卵」になっているのは、そのような意味でも興味深い。条件法で語られる英文のスピーチ原稿をすなおに読めば、「壁」はすでに「正しい」ものであり、それにぶつかっていく「卵」は「間違っている」ことが前提となっているからだ。矛盾はもう一つある。

我々はみんな一人一人の人間です。システムという強固な壁を前にした、ひとつひとつの卵です。〔中略〕我々の一人一人には手に取ることのできる、生きた魂があります。システムにはそれがありません。システムに我々を利用させてはなりません。システムを独り立ちさせてはなりません。システムが我々を作ったのではありません。我々がシステムを作ったのです。(同受賞スピーチ、村上二〇〇九：一六三)

ここでは、システムの不正義を問題にする視点で語られているのは明らかだ。さらに、システムは、人間たちが構成する様々な関係性とは独自の存在ではなくて、むしろ人間たちが作り上げるものであることも認識されている。ところが、

僕が激しい怒りを感じるのは、個人よりはあくまでシステムに対してです。(村上二〇〇九：一六八)

というのである。そこでのシステムとは、生身の人間たちの営みとは無関係に機能しているかのごとくに捉えられているのだ。システムを憎んで人を恨まず、とでも言えようか。

しかしそれは、罪を憎んで人を恨まず、というのとは異なる。罪は、あくまでも生身の人間が犯すものである点で、通常その怒りの矛先は、まず第一に罪を犯した個人に向けられる。その上で、個人を犯罪を犯すまで追いやったシステムに原因を求めるというのは分かりやすい。しかし、システムを支える個人を超えて、一気に人間とは切り離すことができるシステムに対する怒りを向けるというのは、どこかに飛躍があるように感じるのは筆者だけだろうか。一般的には、罪とそれを犯した人間を完全に切り離して冷静に捉えることとは、自分が同じ立場だったらどうするのだろうかとの思いを抱き得る者には難しい。ところが、システムと人間を切り離して捉えることは、彼にとってはそれほど難しいことではなさそうなのだ。

しかしそうした捉え方には、見逃せない問題がある。すなわち、正義を否定することの責任をすべてシステムに押しつけて、それに関わった実在の人間たちをすべて無罪放免にすることが、いともたやすく可能になってしまうのだ。そのときの〈私〉は命令に従っただけだという、ナチズム加担の自己責任を否定する論理は、よく知られている。ここでは、イスラエルというシステムは悪である、しかし、イスラエルの民（もちろんここでは、受賞スピーチの会場にいた大統領やエルサレム市長、村上氏個人を招待した人びとも含まれる）には責任がないといった、村上春樹のなした言い訳の論理は、それと同じ構造をもつからだ。この論理こそ、（人間の介在を前提としないモノとしての）「硬い」壁（＝システム）を、「正しい」とか「正しくない」とかの倫理的判断をともなう存在としての壁にいともたやすすく塗りかえたり、あるいはその逆に、倫理的に捉えられるべきものを、論理的かつ客観的な存在にしてしまう錬金術の秘密なのだ。

システム（＝壁）は実在する人間たちがつくるものであればこそ、正しいとか正しくないとかの価値判断が避けられないものであり、もしも正しくないとの判断が優勢となれば、そのシステムをつくるのに関わった人間たちを憎むことは、むしろ論理的必然なはずである。システムの構成に参加する人間たちに対してではなくて、「あくまでシステムに対して」「激しい怒り」を感じるためには、人間たちが間違ってしまう可能性を認めつつも、彼らを「脆い卵」というメタファーで捉えることで無罪放免としたうえで、システムを、その構築にかかわった人間たちの生から切り離した存在にしてしまわなければならない。

ムラカミハルキは、それを行うために「正論原理主義」なるものを持ち出す。

> 一方で、ネット空間にはびこる正論原理主義を怖いと思うのは、ひとつには僕が一九六〇年代の学生運動を知っているからです。おおまかに言えば、純粋な理屈を強い言葉で言い立て、大上段に論理を振りかざす人間が技術的に勝ち残り、自分の言葉で誠実に語ろうとする人々が、日和見主義と糾弾されて排除されていった。その結果学生運動はどんどん痩せ細って教条的になり、それが連合赤軍事件に行き着いてしまったのです。（村上二〇〇九：一六八）

しかも、地下鉄サリン事件の実行犯を登場させることで、ムラカミハルキを招待した「卵たち」も原理主義の犠牲者であるかのような効果をつくり出す。

> （地下鉄サリン事件の）実行犯たちはもちろん加害者であるわけだけど、それにもかかわらず、僕は心の底では彼らもまた卵であり、原理主義の犠牲者だろうと感じます。僕が激しい怒りを感じるのは、個人よりはあくまでシステムに対してです。…システムと壁という言葉を使うとき、僕の頭にはその独房のイメージ（「気がついたときには人を殺して捕らえられ、法廷で死刑を宣告され、独房の壁に囲まれて、いつ処刑されるかわからない身になっている」）もよぎるのです。（村上二〇〇九：一六八、強調傍点 菊池）

自らが経験したという六〇年代の学生運動の論理、すなわち「純粋な理屈を強い言葉で言い立て、大上段に論理を振りかざす人間が技術的に勝ち残り、自分の言葉で誠実に語ろうとする人々が、日和見主義と糾弾されて排除されていった」論理である。「正論原理主義」なるものは、彼にとっては壁でありシステムなのである。「どれほど壁が正しく、卵が間違っていたとしても、それでもなお私は卵の側に立ちます」という言葉は、「壁」が常に正しいことを主張する正論原理主義であり、逆にムラカミ自身も含む「卵」は間違っているかもしれないことを認めるわけだ。しかし、仮にも物事を自らの責任で価値判断することを恐れないならば、いかに「卵」であっても、間違っていることが分かったら支持できないはずではないだろうか。

　これは翻訳の誤りだろうか。スピーチ原稿の英文とその日本語訳を並べてみよう。

"Between a high, solid wall and an egg that breaks against it, I will always stand on the side of the egg."

Yes, no matter how right the wall may be and how wrong the egg, I will stand with the egg.

もしここに硬い大きな壁があり、そこにぶつかって割れる卵があったとしたら、私は常に卵の側に立ちます。
そう、どれほど壁が正しく、卵が間違っていたとしても、それでもなお私は卵の側に立ちます。

条件法で表現される英文をみると、ある硬い壁（a wall）と一つの脆い卵（an egg）の対照のもとで認識された、その壁（the wall）の「正しさ」がすでに前提となっており、また壁の側からみれば、壁に挑んで割れてしまうある特定の卵（the egg）は最初から「間違った」ものとして存在している。その上で〈私＝ムラカミハルキ〉は、眼前にある特定の「間違った」卵（the egg）の側に立つというように、論理的には矛盾していない表現である（おそらく聴衆はここで、「壁」がイスラエルであり「卵」がガザの民衆であると考えるであろう。しかし同時に、なぜガザの人びとは「間違っている」のかとの思いを禁じえないはずだ。だからこの表現は、実は会場にいたイスラエルの人びとのみに向けて発せられたものだと解釈すれば矛盾はなくなる）。

それに対して仮定法的な日本語訳の「卵」は、仮定されたときだけ現れる不特定多数の中の一つにすぎないもののようになっており、英文とはニュアンスがまったく異なっている。すなわち、日本語訳では、「もし…」と、壁の存在を認識するならばという仮定法のニュアンスがあるが、英文では、壁は自らが認識する以前から正しいものとしてそこに存在していることを前提とする表現になっている［註：この部分を直訳すれば、さしずめ次のような仮定法の文になる。If there were a high, solid wall and an egg that broke against it, I would always stand on the side of the egg. Even if the wall were[might be]right and the egg wrong, I would side with the egg.」。英文では、不定冠詞付きの「硬い」壁（a high, solid wall）と「やわらかい」卵（an egg that breaks against it[a wall]）は、「正しい」／「間違っている」という話者の判断がすでに下された対象として、少なくとも認識された時点では眼前にある特定の具体的存在物となっているのである。

　それに対して日本語文は、両方とも最後まで（いわば常に不定冠詞付きのままで）、特定の具体的存在物としてではなくて一般論として受け取られる表現となっている。つまり、日本語訳のそれは、「正しい」とか「間違っている」とかの価値判断をともなってその存在が認識される（眼前にある）特定の存在ではなくして、常に一般論で語ることができる存在になっているのだ。それに対して英文のほうは、モノとしてのその硬い壁は、いったんその存在が言及された時点で具体的存在となるのであり、しかも「正しい」との判断がすでに下された特定の存在として、そこにすでに在ることが前提の表現なのだ。しかも、alwaysという副詞は、どのような困難があっても、「いつでも常に」というニュアンスの単語であり、事実上ほぼ百パーセント常にそうであるとの含みをもつ単語だ。

　ところが、実はこのスピーチ原稿は、「時間がなかったので、日本語で書いて僕の翻訳者のジェイ・ルービンさんに急いで英訳してもらい、自分で読みやすいようにいくらか手を入れて、それを事務局に送」ったもので、「細かいところは現場で適当に変えたけど、基本的にはこのとおりにしゃべ」ったものだという。だとすれば、少なくとも、日本語文のほうがよりオリジナルなもの、彼の言いたいことがストレートに表現されたものと受け取ってもかまわないであろう。そうなるといっそう、この表現には上述したような矛盾があると思われるのだ。すなわち、条件法の英文は、「壁」が正しく「卵」は間違っていることが前提となっており、仮定法の英文は、あくまでも仮定のうえでのみ存在しうるものである。

もちろんここでは、翻訳の細かな違いをもとにスピーチ原稿を批判することが目的ではなく、むしろ、この注目された短い部分こそ、実は以下のような大きな問題をはらんでいるからだ。彼はエルサレムでのスピーチをふり返って、次のように語っている。

> ゲストとして招かれて、いろいろと親切にしてもらいながら、そういう人たちの前でイスラエルについて批判的なメッセージを発しなくてはならなかったことに対して、つらい思いがありました。言わざるを得ないことだからもちろん仕方ないんだけど、僕としてはそっちのほうがむしろきつかったです。素直にありがとうというだけで済んだら、どんなにかよかっただろうと。（村上二〇〇九：一六二、強調傍点 菊池）

すなわち、システムとしてのイスラエルは、一般論としては「悪」である、しかし、自分を招待してくれた「卵」たちは、たしかに間違っていたかもしれないが、仮にそうであったとしても、常に「卵」の側に立つことを信条とする作家としてのムラカミハルキは、言葉どおり常に「卵」の側に立つがゆえに、「卵たち」（＝ここでは招待してくれた人びと）の前で「壁」（＝システムとしてのイスラエル）を批判することは、より心痛む行為だったのである。ここでの「卵」は、もはや「ガザ地区における激しい戦闘」で殺された「千人を超える人々」を除外した存在、すなわち「間違っている」イスラエルの人びとのことを念頭においていることは疑いない。いわば、「卵」の内実が、文脈でまったく異なるものに瞬時に入れ替わるのである。

このいやらしさは、どこからくるのだろうか。それは、受賞スピーチの次のような部分に見ることができる。

我々はみんな多かれ少なかれ、それぞれにとっての硬い大きな壁に直面しているのです。その壁は名前を持っています。それは「システム」と呼ばれています。…私が小説を書く理由は、煎じ詰めればただひとつです。個人の魂の尊厳を浮かび上がらせ、そこに光を当てるためです。我々の魂がシステムに絡め取られ、貶められることのないように、常にそこに光を当て、警鐘を鳴らす、それこそが物語りの役目です。…そのために我々は日々真剣に虚構を作り続けているのです。（エルサレム賞受賞スピーチ、村上二〇〇九：一六二―三、強調傍点菊池）

「体制やシステムと、ひとりひとりの人間の心との関わりは、僕が作家として一貫して書き続けているテーマです」とか、「私が小説を書く理由は、煎じ詰めればただひとつです。個人の魂の尊厳を浮かび上がらせ、そこに光を当てるためです。我々の魂がシステムに絡め取られ、貶められることのないように、常にそこに光を当て、警鐘を鳴らす、それこそが物語の役目です」と、不条理を押しつける体制やシステムと闘っているという勇ましさが臆面もなく語られる。しかし、この宣言の勇ましさと、そのつど個人的な理由で「卵」たちを選別することの醜さが浮き彫りにされるとき、より一層醜いものがうごめきだすかに見えるのだ。警鐘を鳴らすためにこそ「我々は日々真剣に虚構を作り続けているのです」という言明で、「我々」のなかに勝手に括られることに異を唱える「小説家」はいないのだろうか。もっとも、「真剣に虚構を作り続ける」ことが本当にシステムの危険性に「警鐘を鳴らす」ことになるのか、筆者には分からない。『真昼の決闘』のゲーリー・クーパーになったような気分だった」というのは、正直な告白ではなかったか。

しかし、弱い「卵」を押しつぶす「壁（＝システム）」の横暴さに「警鐘を鳴らす」ために、「日々真剣に虚構を作り続ける」サッカ・ムラカミハルキのこの受賞スピーチに対する批判は、少なくとも大手の紙媒体ではほとんど見かけなかった。

「壁と卵」の譬えは、人間と組織・社会との複雑で厳しい間柄を、これ以上はできないような簡明さで示した。時代や場所、国籍、民族などの違いを超えて広く当てはまる普遍性を持っていると評価し、大事なのは組織・システムではなく人間であり、壁ではなく卵の方なのだという視点を見失ってはなるまい。卵の側に立ち続けるのも生易しいことではないが、その視点と志は、やはり尊い。（高橋郁男「「壁と卵」の視点を世界に――反空爆への道」［時の肖像］（『朝日新聞』二〇〇九年二月二三日オピニオン15面）

この朝日新聞論説顧問の手になる賞賛にも、壁を構築するのは生身の人間であることを思慮の外に追いやってしまう傾向が見てとれまいか。「これ以上はできないような簡明さ」とは、裏を返せば、あまりに単純化しすぎていることの証左でもあるのだ。一人ひとりの生身の人間を消去するがゆえに、人間と組織との関係を「簡明に」捉えることができるのではないか。「たとえどんなに壁が正しく、どんなに卵が間違っていたとしても、卵の側に立ちます」という言明は、人間を抑圧する権力としての壁の存在を前提とするとき、ある意味で「正論」であり、かつ、常に弱者としての人間の側に立つと言っていると解するならば、たしかに賞賛に値する。しかし、壁をつくりあげるのは生身の人間たちであり、壁を守ろうとする固有名をもつ人間たちがいることを、（故意に？）無視せんとする傾向もまた読み取ることができるのだ。そのとき、壁はそうした固有名をもつ人間たちから都合よく切り離された存在と化す。そのような破廉恥な思考過程を隠ぺいするために、「弱者」の側に立つというイメージが利用されること、それが問題なのである。

次の文章にも同様の傾向が見てとれまいか。

> クリスプで、ユーモラスで、そして深いスピーチだったと思う。もちろん、戦乱の渦中にあるイスラエルで、政争の一方の当事者の与える文学賞を受け取ることはさまざまな政治的解釈を許すことになる。あえてそのリスクを冒しても、世界のメディアの前で、おのれの作家としてのめざすところを、明快で、かつ奥行きの深い言葉で語ることを選んだ作家と同国人であることを私は誇りに思う。［中略］
>
> ごく素直に政治的比喩として読めば、「壁」とは国家や政治イデオロギーのような「システム」のことである。「卵」とは、それによって絶えず脅かされている脆く弱い、私たちの「命（soul）」のことである。そのひとつひとつの「命」の絶対的唯一性、代替不能性に寄り添うことが作家の責務であると村上春樹は言う。
>
> （内田樹［時評二〇〇九］「村上春樹のスピーチが示す「誇り」」『中央公論』二〇〇九年四月号、五六―七、

強調傍点 菊池）

「村上春樹の短いスピーチがもたらしたような「日本人であることの誇り」を与えてくれることはおそらくあるまい」（内田二〇〇九：五七）と、最大限の賛辞を送って締めくくるのは、内田樹だ。ムラカミハルキのスピーチを読んで「日本人であることの誇り」を感じるのは、内田氏自身の「理想」をムラカミハルキが語ったからなのか。それは、物書きなるもの、常に弱者の側に立って仕事すべし、という理想だからであろうか。それとも、自分もその理想に従っているという自己満足感からくるものだろうか。ムラカミと「同国人であること」の「誇り」とは何なのか、筆者にはよくわからない。

また次のような論評は、どのように理解すればよいのだろうか。

村上氏は、「卵」のように脆弱な個人と、時に個人を押しつぶしてしまう「壁」のようなシステムとを対比させる話の中で、やや唐突にこのエピソード（父親が毎日朝食前に長いお経をあげる）にふれている。…最初の通り魔事件から一年あまりが過ぎて、いま、無名の死者を悼む行為が、広く支持されつつあるということ。それは何を意味するだろうか。おそらくわれわれは見出しつつあるのだろう。「悼む」行為こそが、われわれすべてが平等になし得る「システムへの抵抗」の身振りでありうることを。…なぜ村上氏は父の周りに死の影を見たのか。おそらく「悼む行為」は意志のみではなされえない。それはひとつの、あらがいえない「症状」なのだ。そう、私はあえてこの言葉を使う。「システムの外にある個人的抵抗」という意味を込めて。（斎藤環「なぜ、「他人の死」を悼むのか」映画『おくりびと』と小説『悼む人』、『朝日新聞』二〇

〇九年五月一二日、文化20面、強調傍点 菊池）

サッカ・ムラカミハルキが受賞スピーチのなかでふれている父親のエピソードがいかにも「唐突に」ふれられていることは、筆者も同感である。しかし、「「悼む」行為こそが、われわれすべてが平等になし得る「システムへの抵抗」の身振りでありうる」というのは、筆者には理解しがたい。父親が毎朝お経をあげるという行為を目にしたことに特別の意味を見出すことはよいとしても、ある意味で私的なものにすぎないそうした感情に、エルサレム賞の受賞スピーチで敢えてふれるのは、その感性はあまりに内向きすぎはしないだろうか。筆者はここで、それこそ「唐突」に思われるかもしれないが、無期懲役囚による裁判員裁判に関しての、次のような感想を思い浮かべる。

> 私が違和感を覚えるのは、裁判後の裁判員のコメントに、何かをやり遂げた、等の言葉があることです。充実感があった、達成感があった、というのを聞きますと、裁判期間を経るうちに、裁判員の心理が自分の内側に向いていくような感があり、事情は理解できますが、小さな棘が残ったような気になります。
>
> （美達二〇一〇：一九三、強調傍点 菊池）

言われてみれば、気になる視点がそこにはある。なぜ人の人生を左右する決定の場に居合わせたことに、（ただの私的感慨にすぎない）充実感を感じたなどと、敢えて公の場で公言することができるのだろうか。同様に、エルサレム賞受賞スピーチで父親のエピソードに触れることも内向きであるように見えてしまうのはなぜだろうか。最後に、その疑問に答えてくれるような、批判的立場からの感想を一つだけあげておきたい。佐高信が、かつて『噂の眞相』誌に載った自らの文章を引いて書いた文章である。

〈「類・種・個」という概念が在る。個人の上に種族があり、さらにその上に人類があるということだが、村上春樹の小説には「種」、つまり民族や国家の問題が登場しない。政治や社会と言い換えてもいい。そうしたわずらわしい問題を避けて、彼は人類に飛ぶ。〉…中略…作中で「先生」と呼ばれる人間が、「体制だろうが反体制だろうが、そんなことはどうでもいい。所詮は組織と組織のぶつかりあいに過ぎない。そして私は、大きいものであれ小さいものであれ、組織というものをてんから信用しない。」と聞いたふうなことをぬかす。しかし、組織に嫌気がさしながらも、それと格闘しつつ生きている人間が大部分なのである。

（佐高二〇一〇：八五）

ムラカミハルキ論を展開するのはここでの目的ではないし、筆者ごときにはそんなことが可能だとも思えない。ただノーベル文学賞受賞も近いと言われる有名な作家による受賞スピーチにおける「壁」と「卵」の比喩表現に真剣に向き合うならば、サッカ・ムラカミハルキの物語的自己がどのようなものであるかという視点から語ることは許されよう。とりわけ、「卵」という表現を、文脈によっては正反対の立場にある人間にいともたやすく入れ代わってしまうような、はじめからその意味内容が空虚な記号として用いる小説家の感性には興味をそそられる。イスラエルによる爆撃によって殺される側のガザの人びとから、当の攻撃を是認する側のイスラエルの人びとへと、「卵」という記号に充填する意味を軽やかにずらすとき、「卵」なる記号は都合によって何でも詰め込める、便利な「入れもの」として使われているのだ。

その意味で、民族や国家、すなわち政治や社会の問題を超えて一気に人類へと飛ぶ、その身のこなしの軽さこそ、サッカ・ムラカミハルキの生態だとする佐高の指摘には、考えさせられるものがある。すなわち、ロスジェネ世代による身近な他者への嫌悪感が、不特定多数の「誰でもよい」、いわば自分以外の全てを含む「種」への憎悪へと一直線に結びつけられていくその飛躍構造との間に、ある種の類似性を見ることもできるからである。すなわち、憎悪の感情をぶつける矛先をいとも軽々とずらすさまと、ムラカミハルキの身のこなしの軽さには、政治や社会をいとも容易《たやす》く飛び越えるという、似たような構造を見出しうるのである。しかも、そうした〈私〉と公的な事柄との齟齬を処理するために、私的な感情を頼りにしようとする生の様式、それが、現代社会を生き抜くためにはむしろ必要な技能だとの認識が広まりつつあることにも思い至る。

ムラカミハルキのスピーチが、「恥ずかしさ」の感情ではなくて、内田樹の言うがごとく「日本人としての誇り」を覚えさせるとの評価を目にするとき、なおさらその感を強くする。〈私〉と〈公〉をひたすら私的感情レベルで結びつけようとするときの最大の問題点は、皮肉にも政治や社会が本来的にもつ生々しさがきれいさっぱり消去されてしまうことだと言えるだろう。

記号が、充填される意味を待つだけの空虚なものであるというのは、言い古された事実ではある［註：たとえば布施（二〇〇八）、ペルクゼン（二〇〇七）を参照］。しかし、ガザ攻撃によって何千人もの市民が殺された時期に行うスピーチは、どのようなものであっても、聞く側は政治的意味を込めずに聞くことはできないのは明らかである。当然講演者もそのことに意識的にならねばならなかったはずだ。しかし、その最も注目される部分で使われた言葉が、中身が空虚な記号の羅列であるとしたら、それは聴衆の期待を裏切ることになる（もちろん期待して裏切られたという関係性が生まれることそれ自体は必然的なのはさておいても）。

あるいは、敢えてそのような効果を期待した、という穿った見方も可能かもしれないが、事実はそうではないのではないか。演者は、すでに講演原稿の準備の段階で、眼前の聴衆以外の人びとと「信頼」関係を結ぼうという意識をもっていなかったと言ったら酷だろうか。いな、むしろ、自分を招待してくれた「卵たち」をいかに傷つけないようにすべきかに意を注ぐあまり、そうした信頼関係の構築をこばむ無意識の姿勢が、サッカ・ムラカミハルキが意識しないところで、原稿にひっそりと滑り込んでしまったのではなかったか（もちろん、翻って自分がものを書くときのことを考えると、そうした傲慢な無意識を滑り込ませてしまうことから逃れきれないかもしれない我が身を想像して怖いものがある）。

サッカ・ムラカミハルキという人格は、原稿用紙のうえで踊る言葉たちのなかでしか存在できないのであるのだから。弱者への配慮をうたう言葉たちによる軽やかすぎるダンスに、それを見聞きする者たちが思い思いの意味を込めて作者の意図を読み取ろうとするだけであり、決して自らの語りと無関係な「村上春樹」なる小説家がいつでもそこに存在するわけではない。そうした意味で、一人の人間（小説家）が、その人格像に思いのまま手を加えることなどできないのである。

「信頼」観の変容

同じ現象をして恥と受け取るか名誉と受けとるかは、受け入れる側が同じ物語を共有しているかどうかによって決まる。「同じ国の人間として誇りに思う」という感性も、同じ物語を共有していてはじめて可能になるものだろう。実は、「名誉」あるいは「名」といった「誇り」の感情と「恥」の感情が表裏一体のものであることは、よく指摘されるところだ。「恥と名誉は裏腹の関係」（向坂一九八二：三三）にあるとか、「恥を裏とすれば、名はその表である。名誉を失うことが恥であり、不名誉はそのまま恥である」（森二〇〇五：一六二）といったように。

この点については、マイケル・サンデルも次のように書いている。

> ヴェトナム戦争に反対し抗議した人びとの、二種類の異なる論拠を例にとろう。一つは、この戦争は不正だという信念だった。もう一つは、この戦争は自分たちが戦うに値せず、アメリカ国民にふさわしくないという信念だった。第一の理由は、戦争に反対する人なら誰でも、どこに住んでいても持ちだせる。だが、第二の理由は、戦争に責任のある国の国民だけが感じ、声に出すことができる。スウェーデン人でもヴェトナム戦争に反対し、この戦争は不正だと思うかもしれないが、この戦争は恥ずかしいと感じるのはアメリカ人だけだろう。（サンデル二〇一〇：三〇三、強調傍点菊池）

ここには、同じアメリカ人でも人によって違うだろう、といった次元では批判しきれない問題が提示されていることに留意したい。すなわち、あることが「不正」であるという信念と、自分にはふさわしくないという判断の現れ方の違いについての指摘である。サンデルは、「不正」であるという信念は、同じ共同体の物語を共有せずとも形成可能である一方で、当事者としての判断は、「責任のある国の国民だけが感じ、声に出すことができる」ものとして捉えている。すなわち、当事者であるか否かの判断は、責任を感じているか否かという点に帰するということだ。責任（を感じとるのに必要な物語）を共有することではじめて、同じ「誇り」や「恥」を感じ取ることができる、と言い換えることもできよう。逆に言うと、「不正」を感じ取るうえではむしろ、へたな物語など共有しないほうがよいようにも見えるのだ。

過去の世代が起こした戦争や犯罪に対する現代人の集団責任という問題を考える際に、物語的自己という考え方が必要であることは理解できる。ところが、その共有される物語の質の如何によって、結果は必ずしも望ましいものとはならないのではないか。サンデルも指摘するように、「誇りと恥は、共有するアイデンティティを前提とした道徳的感情」であり、「同胞の行動に誇りや恥を感じる能力は、集団の責任を感じる能力と関連がある」としても、誇りや恥を意識する「位置ある自己とは、自ら選んだのではない道徳的絆に縛られ」るというのだから（サンデル二〇一〇：三〇四）。

そうであるならば、先に引いた内田樹の感じた「日本人としての誇り」は、内田氏とアイデンティティを共有しない者（すなわち同じ道徳的絆に縛られていない者）にとっては、「日本人としての恥」にもなりうることが理解されよう。ただこの点に関しては、忘れてはならない問題がある。自ら選んだのではないにもかかわらず縛られる「道徳的絆」なるものを妄信する場合におこる、負の側面である。たとえば、自ら意識することなく「生きて虜囚の辱めをうけるな」という教えに基づく物語を共有することの悲劇的結末である。過去からの連続性を強調する共同体主義の視点には、こうした負の側面があることは覚えておく必要がある。ちなみに、マルクスの次の件は、そのような負の側面を捉えたものとして読めるのではないか。

> 人間は自分自身の歴史を創るが、しかし、自発的に、自分で選んだ状況の下で歴史を創るのではなく、すぐ目の前にある、与えられた、過去から受け渡された状況の下でそうする。すべての死せる世代の伝統が、悪夢のように生きている者の思考にのしかかっている。（マルクス二〇〇八：一六）

このすぐ後に、「それ（新たに覚えた言語）を使う際に先祖伝来の言葉を忘れるようになったときにはじめて、彼はその新しい言語の精神を身につけたのであり、その言語を自由に使いこなすことができるのである」（同書一七ページ）と付言されていることにもみられるように、過去の伝統は否定的なものとして語られている［註：ちなみにこの部分でマルクスが言わんとすることは、柄谷行人の付論にしたがえば、「一七八九年の革命、つまり王を殺して実現された共和制のなかから皇帝ナポレオンが出てきたことが、ある意味で、シーザーの「反復」にほかならないということだ」という］。

さて、ある種のアイデンティティないしは物語が共有されていく過程で重要なモーメントは、どのようなものであろうか。その一つとして、〈信頼〉を取り上げてみたい。それは、他者としての人間に対する「信頼」のみならず、言葉に対する「信頼」をも含む概念として考えてみたい。

他者を信頼できない理由を、もちろん自己の責任のみに帰するわけにはいかない。逆もまた真なりで、その責任を他者の側に押しつけることも間違いである。信頼は、それを構築したいという意志を有する双方の努力如何にかかっているのであり、一方的な関係であるとすれば、単なる「片思い」にすぎない。

ところが、そのような「片思い」が、いかに一方的なものであっても、それが「信頼」へと変換されてしまうことがある。ただし、その場合は、双方の「ブランド価値」に優劣の関係がなければならない。だからそれは、本来ならばとても信頼などとは呼べないしろものである。それでも、学歴や職業といった「ブランド価値」によって、個人の「信用」が担保されるクレジットカードのように、そうした要素が、個人を信頼できるかどうかの基準となっていることは否定できない。

ただしその基準は、常に上昇するようだ。たとえば、米国の新旧エリートの基準がそうであるという。学歴は大学ないしは大学院卒、職業は企業の役員とされたかつての基準が、新エリート層では、名門大学院卒で、弁護士・医師・企業家、あるいはコンピューターやメディア関連の専門職へと変化したと報告されている［註：「転機の米社会 08大統領選①」『読売新聞』二〇〇八年七月二二日国際面］。さらに、理念は、縁故主義から実力・競争主義へ、人脈および情報収集は、教会や経営セミナーあるいはゴルフ場から大学同窓やインターネットへ、そして支持政党は、共和党から中道・無所属へと変化しているのだという。

これは、米国社会のエリート層の変化ということであるが、実力・競争主義への傾斜、および特定の政党から中道ないしは無所属への支持の広がりは、必ずしもエリートに限られないのではないか。そもそも、それは米国だけではなくて、世界中に見られる傾向なのではないだろうか。

たとえば、次のような「ブランド」観はどうだろうか。

（麻生首相には）「麻生ならこうする、麻生だからできる」というブランドとしての信頼がない。小泉元首相にはブランド力があった。「自民党をぶっ壊す」と訴え続け、イメージが一貫していたから「あの人ならやれる」という期待が持てた。麻生首相にはそれがない。

民主党も小沢代表も、ブランド力があるとは言えない。「自民党ではない」「麻生ではない」というだけで、代替政党としての「売り物」があいまいだからだ。ブランドとは、常に「○○である」というポジティブなものだ。「○○でない」ではブランドにならない。［中略］どんなブランドにも危機は訪れる。現実の政治では、公約を一〇〇％果たせるとは限らないからだ。だが、その理由を説明し、実現可能な再計画と行程表を示せば、有権者も納得して、また「買って」くれるようになる。説明責任を果たし、透明性を担保すれば、ブランドは守れる。

（平林紀子「「ブランド」守る緊張感持て」『朝日新聞』二〇〇九年三月一日オピニオン面、強調傍点 菊池）

ブランド＝信頼であるとする、政治コミュニケーションを専門とする学者の主張だ。ただし、「ブランドとは、常にポジティブなもの」でなければならず、そうであることを納得させることができさえすれば、有権者も消費者も、それを「売り物」として「買ってくれるようになる」というのは、まさしくビジネスの論理そのものだ。ここでは政治も商いも同一の論理で成り立つのだと、まったく憚ることなく語られているのは興味深い。

個人のブランド力を高めるためには、必然的に、実力主義でなければならない。人のブランド価値は、多くの敗者のなかの少数の勝者であることに見出されるものなのだ。また特定の支持政党をもたないということは、そもそも泥臭い政治には距離を置く姿勢の現われとも解釈できる。いわば、ブランドにはつながらない、面倒なことには関わりたくないという姿勢の表現なのだ。特定の政治的立場に立つことは、ブランド化にはもっとも不利な条件であろう。政治的立場を明らかにすることは、決して完全な同意を他者から引き出すことができない状態のなかで示される意思表示である。しかし、その場その時々に最高位に置かれうる政治的立場は瞬時に変わりうるものでもある。結局最高位のブランド獲得を目標とするなら、結局はどのような政治的立場にもコミットしないと表明しておくのが無難なのだ。いわば風見鶏のごとくに生きることが最も有利なのだ。

ところで、片思いで成り立っている「信頼」ほど、脆いものはない。それは単に、相手も自分を「信頼」してくれているという「期待」にすぎないからである。しかも、その期待が裏切られたと感じるや、相手を逆恨みするという心性は、より扱いにくいものとなる。中井久夫は、こうした負の心性を、「「君側《くんそく》の奸《かん》」コンプレックス」と名づける。

中井は、海軍軍人であり戦後も天皇崇拝者であった父をもち、「陛下のために特攻隊に志願する」と言って自衛隊に入隊し、また自らも天皇崇拝者である三十代後半の男性患者について書いている。彼は過去二〇年間、「殺せ」「殺さねばお前を殺す」という、昭和天皇の幻の声が聞こえると訴え、「いくらなんでも陛下あんまりです」と「抵抗するのにせいいっぱいである」という。中井の解釈では、彼にとっての天皇は、「よい天皇」と「悪い天皇」とに完全に分裂しているのであり、天皇は、いわば、「「父親」が投影されているスクリーン」（中井一九八九：二二）として現れているという。そのうえで、「あなたはこういう分裂に無縁であると思われるか。そして、この分裂の現象は、世人においても昭和天皇に対しては甚だしいと私は思うが、いかがであろうか。昭和天皇がしばしば父と重なるのである。妄想においても成人の白昼意識においても――」と、精神を病んでいると診断される者たちに限定されない、私たち自身の問題として提示する。そして、「周辺を排除して、直接君主につながろうとする」ような、「君主を徹底的に無垢な、純粋なものと観念して、周囲が悪いとする」志向性を「「君側の奸」コンプレックス」と呼ぶのである（同書四―五ページ）。

さらに、「知識人の、英米への思いも、天皇への思いも、相通じるところがあ」り、「米国はこうあってほしいという感情は強烈」だというのも、そうした志向性の現れだというのだ（同書八ページ）。そうした一種の無責任で一方的な感情は、「信頼せずして期待し、あてはずれが起こると「逆うらみ」する」（同書一〇ページ）という、土居健郎のいう「甘えの堕落的形態」となって現れたりするというのである。この「信頼せずして期待する」という感性は、今もなお広まりつつあるようにみえる。

そもそも現代日本における〈信頼〉とは、どのようなものとしてあるのだろうか。「ブランド化によって形成されるもの」（坂村健二〇〇八「ネット時代の危機管理」［時代の風］『毎日新聞』二〇〇八年七月一三日2面）という見方がその一つだ。また、「コストがかかるのにもかかわらず相手が協力してくれるだろう（資源を渡してくれるだろう）という期待」（河合他二〇〇八：八二）と結びつける見方も有力だ。あるいは、相手の能力の優秀さを認める「能力評価」、職務に対する忠実さ・まじめさとしての「動機づけ評価」、そして同じ価値観を共有しているとの認識に基づく「価値類似性評価」、さらに特定の政治的意図を持たず中立であるという「説得意図のなさ」などが、信頼を醸成するうえで欠かせないという心理学の立場（中谷内二〇〇八）もある。また、信頼を「相手の意向に対する期待に限って定義する」山岸（一九九九：三七）は、信頼と「安心」を直接結びつけた議論を展開している。

こうした捉え方に共通するのは、信頼形成の材料となる共通の「価値」の存在が前提となっていることだ。「ブランド」にしても、自分が損をしてまでも他者のために自らの資源を渡してくれるという「期待」にしても、また特定の政治的意図を持たずに「中立」であることにしても、それぞれにある種の「価値」の存在が前提となっている。ところが、価値と称されるものは、「普遍的な真実」として時空を超えて誰にでも支持されるものではない。特定の政治力学のもとで生みだされ、また多数派によって支持されるにすぎないようなものも、価値があるとされるのである。

「ブランド」なるものはまさにそうしたものの典型であるし、人が勝手に抱く「期待」感の根拠、あるいは「公正さ」の基準でさえも、時代の趨勢のなかで政治的に決定されるのである。つまり、信頼のベースとして「価値」を置く場合、あくまでも特定の政治的・社会的空間（特定のコミュニティ、組織、人間関係など）における「信頼（している・されているという期待感）」を問題にするのであって、ときにまったく見ず知らずの（たとえば異なる文化・異なる宗教に基づいて特殊な価値観を共有する未知の集団のような）不特定多数の者たちとの人間関係において生まれうる〈信頼〉を構築することはできないのである。

「信頼せずして期待し、あてはずれが起こると逆うらみする」のは、信頼と期待が一体のものとして受け取られていることに起因するのだ。つまり、特定の顔見知りの人間関係のなかで期待される行為規範があるという前提があり、それに従うことができる人間のみが「信頼」されるのであり、その行為規範を侵害するものは「信頼」できないということになろうか。いや、そもそもそれは単なる「期待」にすぎないのではないか。すなわち相手との相互関係のなかで構築される〈信頼〉抜きの「期待」であり、相手の感情など最初から無関心である一方的な「期待」であるからこそ、当てが外れるやいなや逆恨みするわけだ。「当てが外れた」というのは、相手も自分と同じ規範に基づく同じような物語を共有するとの「期待」が外れたというにすぎないのではないか。勝手に「期待」した相手が、自分より（政治的・経済的・精神的な）力が上であると認識する場合には、逆恨みするしかないのだろう。

しかし、自分が損をしてまでも、自己保身のためではなくて、特定の政治的意図を持たずに行為するさまにふれるときに、ある種の「公正さ」をそこに見る感覚を、より普遍的な〈信頼〉を構築するための契機として活用しない手はない。たしかに「公正さ」なるものも、実際には単なる法律第一主義と同義になってしまうと、ある行為がいかに道義的に許しがたいものであっても、当人が法に従っているかぎりは「公正」であることになってしまうのだから、「公正さ」なるものが常に普遍的なものだなどとは言えない。それでも、自己保身のために特定の政治的意図を隠ぺいすることへの嫌悪感は、特定権力の庇護の下で満足する者たちを除くすべての人びとが抱きうる感情であると考えられるかぎり、〈信頼〉を構築するためにそうした「公正さ」の感覚を契機とすべきだと考えてもそう誤っていないのではなかろうか。

忘れてならないのはしかし、「公正さ」なるものも、一つの「価値」であることだ。つまり、私たちが見出す「価値」が正当なものであると認識するときに、わたしたちが「あてにする」ものが、必ずや先に存在しているということだ。それは、中井久夫の表現を借りれば、「自分を説得し、周囲を納得させる論理」あるいは「契機、口実」となるものである。「お互いをあてにし、天皇をあてにし、ルーズベルトをあてにし、ヒトラーをあてに」（中井一九八九：一〇）するような、私たちの心象風景は、たしかに甘えの堕落的形態と言わなければならない。誰かを「あてにして」形成したにすぎない「価値」であるならば、あてにした誰かに裏切られたという感情が湧いたときに「逆恨み」するのは造作ないことだろう。

誰かを勝手に「あてにする」というのは、一種の「擬似的信頼」を前提にしなければならないと思われるが、天皇にしても、ルーズベルトにしても、またヒトラーにしても、彼らが揺らぎなき絶対的価値を体現する人格としてみられていることが、それを可能にしているのだろう。すなわち、一個人が直接彼らと接することがなくても、いやないからこそ、彼らの人格像が揺らぐことはないのである。では、個々人はみな平等であるとされた社会において、その一人にすぎない他者が勝手に「あてにされる」とき、何がその擬似的信頼の根拠となっているか。クレジットカードに象徴される「信用」、社会的地位、特定の職業などがそうかもしれない。

しかし、擬似的とは言えども、やはり信頼するからには、お金や地位だけでは足りない。経済力や政治力とは無関係に築かれる〈信頼〉に欠かせないのは、おそらく同じ物語を実際に共有しているという実感である。そのような次元で「あてにする」誰かの正当性を担保するものの一つは、おそらく「伝統」である。それは通時的なもの、すなわちある歴史的時間のなかに在ると理解されるがゆえに、揺らぎなきものであるかのようにみえるからだ。共時的に一個人が作り上げることができないものとして了解されているという意味では、他者との間で同じ伝統を共有してきたという物語によってはじめてリアルなものになるのだ。だから、そのような「伝統」を体現する「誰か」は、あてにできるのである。しかし、次のような解釈はどうだろうか。

伝統の喪失と共に、伝統によって伝えられる意味もまた必然的に消え去らねばならないのでしょうか。答えは単純な理由から否です。というのは、伝統の消失が影響を及ぼすのは決して意味に関してではなく、もっぱら価値に関してのみであるからです。意味は伝統の崩壊から免れているのです。というのは、意味は、そのつど一回的・唯一的なものであり、そのつど初めて発見されるべきものであるからです。これに対して、価値は、一回的・唯一的な状況ではなく、繰り返される類型的な状況に内在するような、つまり人間の条件を際立たせるような普遍的意味なのです。いずれにしましても、人生は、世界のあらゆる伝統が消え去って普遍的な価値がひとつも残らなくなったとしても、意味に充ちたままであり続けることができるのです。

(フランクル 二〇〇二:二一五)

この文章は、一回性の「意味」ではない普遍的意味としての「価値」を重視せよ、と説くものではない。むしろ、他者との出会いのなかでそのつど初めて発見されるべき「意味」の自由を最大限尊重することによって、特定の人間たちの主張する特定の意味を、普遍的意味としての「価値」に無条件に格上げしてしまうことの問題点を突いているものとして読むべきものである。伝統なるものが喪失してしまったと嘆きその復権を願うことは、唯一の処方箋ではないということである。むしろ、伝統的

「価値」が消え去ったとしても、常に新たな「意味」は無限に湧き出てくるのであり、世界は未だ発見されてはいない無限の意味に満たされているのだということを言いたいのである。

そうなると、「信頼」なるものは、私たちが正当であると認識する普遍的な「価値」に基づくものではなくて、実は「価値」であると誤認しているにすぎない「意味」に基づいていると考えなければならない。そして、その「意味」が正当性をもつものであることを担保する、つまり私たちが「あてにする」存在は、必ずしも、（政治的・経済的）力をもつ者たちに限定する必要はないということである。すなわち、「意味」は一人ひとりが自らの意志のもとで発見できるものであり（ときにそれは伝統に反するものであることもあるのだが）、同じ「意味」を他者のうちに発見し、その同じ「意味」が共有されていると実感できたときに、お互いを信頼することができるのだ。ただし、それは、その人を勝手に「あてにして」いるのではない。あくまでも、「あてにしている」のは自分自身であるという違いがある。普遍的価値であると誤認する特殊な意味を騙《かた》る者を「あてにする」ことは、特殊な価値を普遍的であると僭称する者に判断を委ねることにすぎないのである。それこそが、甘えの堕落的形態たるゆえんなのだ。

そのように考えると〈信頼〉とは、自らが発見したのと同じ「意味」を共有している相手であると、自らが己の内面に見出す感情であると言えないだろうか。ただし、相手は同様に感じていない場合もあるかもしれない。しかしそれが判明したときでも、相手を逆恨みすることはない。なぜなら、誤認したのは自分であるのだから、相手には責任はないのである。したがって、〈信頼〉構築に際しては、誰かをあてにするのではなくて、あてにするのは自分でなければならない。より現実的なレベルでは、そのような個としての存在は、特定の政治的意図を隠ぺいして自己保身をはかるものとはならないであろう。なぜならば、特定の政治的意図を隠ぺいすることは、自らの信念に反する、すなわち自らが信じる「意味」を抑圧してまでも、世間に支持されているという理由で特定の「意味」にすぎないもの、すなわち「価値」と称されるものにしたがっていることになるからだ。誰かを「あてにして」特定の「価値」を正当化せずに、自らが発見した「意味」を自らの責任で貫こうとする姿勢は、結果としてより多くの人びとから信頼されることにつながるのではないだろうか。それは、「公正さ」として受け止められるからである。

勝手に期待して、当てが外れると逆恨みする、この感覚はますます強まっているかに見える。秋葉原事件を起こしたKTに対して、「よくやってくれた」と勝手に信じ込んでおいて、公判のなかで彼の思いが明らかになると、裏切られたと感じる者たちが少なくないという現象は、こうした傾向の現れではないだろうか〔註：『AERA』二〇一〇年八月二三日号、一九―二一ページ参照〕。まったく面識のないKTという存在を信頼できる存在だと信じ込んでしまうのは、KTの犯罪行為のなかに、神のみがもつ一種の「絶対的」信念のようなものを見ているからだろうか。KTが、空虚であるがゆえに無垢な記号になってしまったかのごとく、勝手に信頼するというかたちで、自己投影が可能な存在になっているかのようではないか。ましてや、犯行に及んだKTにわが身を重ねて、自らも別の犯行を試みるなど、己を神のごとき存在だと錯覚して、自らの崇高さを意識化するといったことが起きるときを想像するとやり切れない。

信頼なるものがこうも安っぽいものになってしまうと、〈信頼〉に基づく関係性の構築は容易ではない。もはや、信頼の基礎が解体してしまったのが現代なのだとニヒルに構えることさえできない状況なのだから。ただ廉恥心の復権が必要だとの視点から言えば、やはり〈信頼〉概念を取り戻すことは急務だ。

ここで、その最も厳しいカントの道徳律を取り上げることを許されたい。やはりなんと言っても、ほとんど実現できそうにもないくらい理想的で厳格すぎるほどの、〈信頼〉のための基礎が、そこにはあるからだ。

カントは、その『道徳形而上学原論』において、道徳、自由、理性の関係性を、次のように捉えている。サンデル（二〇一〇）の要約した図式で見ておこう。

道徳：義務 対 傾向性
自由：自律 対 他律
理性：定言命法 対 仮言命法
観点：英知界 対 感性界

「義務」を動機として行う行為は、正しいことを正しいという理由のために行うことであり、「傾向性」を動機とすれば、私利や欲望などが背景にあってなされる行為となる。たとえば、エルサレム賞を受け入れて、受賞講演でガザ爆撃を批判することが正しいと思うからイスラエルに行くというのは、この意味での「義務」に基づく行為であり、仮に表向きはそうであると言いつつ作家として箔をつけるために行くというのであれば、それは「傾向性」を動機とした行為であることになろう。ちなみにサンデルは、罪の意識にかられたくないというのも、「傾向性」の動機だと考える（サンデル 二〇一〇：一五二）が、筆者も同感だ。

「自律」的に行動するというのは、目的そのものを目的そのもののために選択することであり、「他律」的な行為とは、あることを為すのは別の目的のためであるときのことを指す。受賞講演の譬えで言えば、「義務」を果たす目的でイスラエルに行くことは自律的行為であり、箔をつけるという別の目的で行くならば、それは他律的な行為であることになる。自由に行動するということは、イスラエルに行くことを「義務」として理解し、それを自分の自由な意志で為すことを意味する。

「定言命法」というのは、ほかのどのような動機にもよらず、それ自体として絶対的に適用される法則であり、個人的な目的を超えて、すべての人間を理性的な存在として拘束する法則であるという。その定言命法の一つは、「自分の格律を普遍化する」というものだ。この法則によれば、嘘であることを承知の上でする約束が誤りであるのは、他者の要求や願いよりも、自分の要求や欲望を優先しているからである。そしてもう一つの定言命法は、「人格を究極目的として扱う」というものだ。たとえば、「すぐに返せないとわかっていながら、返すから金を貸してくれと頼むのは、相手を操っていることにな」り、「相手を自分の財布扱いにし、尊敬に値する目的として扱っていない」ことになる。同様に自殺は、「苦しい状況から逃れるために自分の人生を終わらせようとする」点で、「苦しみから逃れる手段として自分を利用すること」になるが、しかし、人格は物ではないのだ。すなわち、そのこと自体、「究極目的である人間性を尊敬していない」ことになる（同書一六〇ページ）わけだ。この点は、自殺の不可能性の根拠であると同時に、（生きるために）話すことを止めることの不可能性の根拠ともなることに留意されたい。「人生に絶望し、もう生きていたくないと思っている」人物が、「傾向性ではなく義務として生き続ける意欲を奮い起こしたなら、その行動には道徳的な価値がある」（同書一四九ページ）ことになるからだ。

「観点」は、以下のようなことを意味する。すなわち、生物としての人間は、自然法則と因果律に支配される「感性界」に属す一方で、理性的な存在としての人間は、事前法則に影響を受けずに、自律的で自らが自由に定めた法則に従って行動できる「英知界」に属すとされる。人間は英知界の観点からのみ、自らを自由と見なしうるのであり、「自由に行動し、自分の行動に道徳的な責任を持ち、他者にも自分の行動に道徳的な責任を持たせるという考え方は、自分をただの物ではなく、行為者と見なすことができなければ持てない」（同書一六七ページ）とされる。また「科学は感性界でしか機能しない」のであり、「科学は自然を研究し、経験に基づく世界を探求することはできるが、道徳的な問いに答えたり、自由意志を反証したりすることはできない。道徳と自由は経験によって証明できる概念ではないからだ。われわれは道徳と自由の存在を証明することはできないが、それらが存在するという前提なしに、道徳的な生活を理解することもまたできない」（同書一六八ページ）というのがサンデルの解釈だ。

カントの道徳律は、もちろん己自身の行為を律するものとして構想されているのであるが、それを他者の行為に反転させてみると、それがそのまま他者の行為の背後にみる恥ずかしさの起動原理になることがわかる。他者の行為を目にしたときの廉恥の感情が起動される瞬間を次のように捉えることができるのではないかと考える。すなわち、他者の行為が、

①傾向性の動機によってなされていることを見抜いたとき。
②他律的な行為であることを見抜いたとき。
③私の人間性を尊敬していない（＝私という人格を究極的目的として扱っていない）ことが分かったとき。
④（英知界の観点からではないにもかかわらずそうであることを装う形で）感性界の観点から為されていることが分かったとき。

またこの図式にしたがって、恥の感情が起動される場を「感性界における恥」と「英知界における恥」に分けて捉えることも可能かもしれない。アガンベンのつぎのくだりを、再度引用する。

> 生物学的な生を生きている存在と言葉を話す存在のあいだの関係（あるいはむしろ無関係）が恥ずかしさという形、引き受けられないものへと相互に引き渡されているという形をとっているために、この隔たりのエートス［固有の圏域］は、証言以外では——主体にゆだねられえないもの、しかもなお主体の唯一の住居、唯一可能な内実をなしているもの以外では——ありえないのである。
> （アガンベン 二〇〇一：一七六—七、強調傍点 菊池）

生物学的な生を生きている存在（感性界における人）と言葉を話す存在（英知界における人＝人間）の間

の関係とは、それぞれが引き受けられないものへと相互に引き渡されているという関係性（ないしは無関係性）にあるということが、恥ずかしさを起動する構造そのものだということになろうか。なぜ恥ずかしいのか。生物学的な生を生きる人が自然法則と因果律に支配された感性界に在るというのは、自らが自由に定める法則にしたがって行動することができない存在だということなのである。いわば、ただの（生）物、すなわちモノにも通じる存在にすぎないわけだ。しかし、無機的なモノとは異なって、人は生命をもつ存在でもある。そうであるがゆえに、英知界に生きる存在としての人間は、感性界の生物ともつながっているのであり、感性界において苦しむ生物やただの人に貶められている者たちの「証言者」として生きることも宿命なのである。両者の隔たりを埋めることができるのは、唯一、証言（＝語ること）でしかないのだ。

ところが、証言なるものは、いかに言葉を尽くしたところで、両者の隔たりを解消することはできない。そのことの不可能性を盾にして自分に都合のよい言葉をよどみなく吐き続ける、卑しき人間たちが生み出されるのだ。それはまさに、英知界の観点から語っているのではないにもかかわらず、そうであることを装う形で、しかし実際には感性界の観点から騙《かた》っているにすぎないのである。そのことが恥ずかしいのである。その卑しさを意識すること、声高に語ることの恥ずかしさを意識しながらも話すことをやめられない宿命にあること、それは、生まれながらにして「話す＝証言する」存在として生きることを運命づけられている人間が負うべき宿命的な罪を引き受けることを意味する。私たちはそれを〈宿罪〉と呼んだのである。

そのように考えれば、生物としての裸を見られることや有無を言わせぬ「場」の規範を支配原理とする世間の暴力的視線に無遠慮にさらされるときの羞恥の感情は、「感性界における恥」であり、廉恥の感情は「英知界における恥」であると捉えられないだろうか。「感性界における恥」は、いわゆる「みっともなさ」を基準とする羞恥心であり、その肥大化は、「英知界における恥」としての廉恥の感情の喪失に貢献することになると捉えれば、「理論上の真理のように、客観的かつ非人称的なものになった恥」（アガンベン二〇〇一：一三五）、すなわち「感性界でしか機能しない」科学的な装いでますます力を増していく羞恥心のあり様をうまく説明できるのではないだろうか。

また、向坂寛が日本的恥の特徴として、共同体の規範によって縛られる「場」から排除される恐怖をみたのであったが、そのような暴力的恐怖感は、まさに感性界における感覚であるがゆえに、同様に感性界における「みっともなさ」の基準としての羞恥心を強化するものであることも、よく理解できるのだ。そのような恐怖感があまりに強すぎることが、他者への〈信頼〉を涵養することを妨げていると筆者は考える。同様に、「場」の規範から外れる恐怖感は、他者の語る言葉への〈信頼〉をも妨げているのではないだろうか。

「言葉」への信頼

政治家をはじめとして、私たちの語る言葉が軽すぎるという批判が批判にならない時代が、現代なのだろう。辺見庸は、それを次のように表現した。

言葉という言葉には、「おためごかし」という醜い鬆《す》がたっている。それがこの国の「無意識の荒《すさ》み」となってから久しい。（辺見庸「同時性のパンデミックを語る㊦根源までたどり思索を深めよ」『週刊金曜日』二〇〇九年二月一三日、第七三八号、二三ページ）

また、次のようにも語っている。

ことばに見はなされるのは絶望にひとしい。しかし、それを早くから予言していた詩人のいたことは、私にとってことばのささやかな希望なのである。…政治や資本やマスメディアがことばをどこまでも安くもてあそぶとき、ことばには徐々に鬆《す》がたち、ついにはひとを見かぎる。石原吉郎はだから最後にいいすてた。「私たちがなおことばをもちつづけようと思うなら、もはや沈黙によるしかない」（辺見庸「ことばに見はなされること」［水の透視画法］『東京新聞』夕刊5面二〇〇九年五月一二日）

この「無意識の（精神の）荒《すさ》み」を観察するに適した場所はマスメディアである。

マスメディアは非常に間違った日常のコーティングをしているのです。日常はかつての変わりなく進んでいるような物言いに終始している。マスメディア内部で無意識の精神の荒《すさ》みが起こり、それを隠すことで社会はますますゆがんでいくのです。極論すれば、まっとうな生体はいま狂わざるをえないのです。（辺見庸特別インタビュー「同時性のパンデミックを語る㊤生体が悲鳴を上げている」『週刊金曜日』二〇〇九年一月三〇日、第七三六号、二〇ページ）

「今日は昨日の続きというふうな、…慣性の法則、つまりはイナーシアを正気を装ってつづけている」マスメディアの在り様は、私たちの精神の「無意識の荒み」をいっそう加速し、同時にそのことに慣れきってしまうと、抜け出すことはより一層困難になる。しかも、やりきれないことに、そのような態度は、なんと己自身の内部にも見出されるというのだ。

〝いやなもの〟とはなんだろう。一通の封状（定額給付金申請書）をまえにうだうだと考えた。それは合法的不正をそれと知ってうけいれたり、思考を放棄することの〈視えないすさみ〉だ。ではすさみはどこからわいてくるのだろうか。［中略］私のばあい、すさみはおそらく胸底の〈断念の沼〉からもやもやとガスのようにわいてきている。ものごとを突きつめて考えることを徒労と感じさせる悪水が断念の沼にはとどこおっている。［中略］そして、私の断念の沼はこの国の無数の人びとのあきらめの沼と地下の暗渠でつながり、巨大なすさみの風景をこしらえているのだが、まか不思議、すさみはあまりにもいきわたっているために、あたかも歴とした正気のように見えるのである。（辺見庸「視えないすさみ――胸底からわく無力感」［水の透視画法二九］『岩手日報』夕刊2面二〇〇九年五月九日）

「虚の世界」では、他者にどのように見られるかを唯一の基準とする羞恥心が、最も権威ある生の裁判官となるのだ。廉恥の感情など、もはやどこにも見出せないどころか、自分自身の内面からも消えうせてしまっているのではないかという不安を感じさせる文章だ。しかし、言葉を語るほどに恥ずかしいという感性なくして、言葉への〈信頼〉など取り戻すべくもない。

ぼくはひとりになったときに、顔が自然にふっと赤らむ、つまり赤面することがあるのです。赤面をするのは、多くを語らない彼女およびかれらにたいして自分が恥ずかしくなるからです。どんな宗教の持ち主であれ、どんな思想の持ち主であれ、あるいは無信仰、無思想の人であれ、よく語るぼくは恥ずかしいとおもうのです。(辺見庸二〇〇九a：一〇九)

近代は個人の自由を最大限拡張することを目標として共同体の縛りをなくそうと努めてきたのであるが、自律した個人が誕生したかといえば、必ずしもそうではなかった。同様に、実は思ったほど、共同体の縛りもなくならなかった。いな、別種の縛りがさらに強くなったと言うほうが適切だろう。諧調を維持するために個を圧するを厭わず、乱調の兆しをみるやいなや、よってたかって批判する傾向、それが私たちの「社会」における縛りである。

自律した個人となるためには、カントに言わせれば、傾向性の動機をもつことなく、他者の人格を究極目的として扱い、己の行為を英知界からの視点で慎み深く顧みることが、いつでも常に求められる。しかし、いつでも常に取り組まなければならないとしたら、あまりにも困難な課題だ。「無意識の荒み」が蔓延する「社会」において、単に自律した個人であれというのは、いかにも無責任な命令にも聞こえてしまうのだ。なぜならそれは、「無意識の荒み」を「胸底の断念の沼」に隠し抱く、顔も見えない不特定多数の人間どもと、いつでも常に個人として、たった独りで闘えというに等しいのみならず、かくいう己自身のうちにさえ「無意識の荒み」を見てしまうからである。

現実の闘いは、そのような孤独な個的闘いではなくて、顔の見えない不特定多数の他者たちが支えている「みっともなさ」の最低基準をクリアするだけのものになってていはしないか。すなわち、そのような基準を支持している不特定多数の無数の人間たちと闘う必要はなく、あくまでも、自分のまわりにいる（あるいは自分の社会的評価と関連しうる）特定の個々人と競うだけでよい分、徹底した個的闘いよりは楽なだけにすぎないのだ。

もちろんそこでは、他者の人格を究極目的として扱えなどといった道徳律の出る幕はない。そうしていつのまにか、「みっともなさ」の基準としての羞恥心は、限りなく肥大化していくのだ。同時にそれは、語りすぎる己自身の恥ずかしさを起動する廉恥心の消滅を意味する。そのような恥ずかしさを忘れてしまえば、他者を大切にすることなど思いもよらなくなるにちがいない。結局、「大切にされているという実感」など持てるはずもなくなるのではないか。

「社会」のような、国家と個人との間にあるべき中間的空間が喪失するという傾向は、いっそう加速しつつある。そこで、かつてのような「社会」を取り戻すべきだといっても始まらない。これまでの議論から言えば、もちろん「社会」的空間は必要であるが、一方では、疑いなく中間的空間である「世間」のような空間は、ますますその影響力を強めてはいないか。いま必要なのは、近代化の当初の目標の一つであった、個人の自律・自立を妨げるものの正体を突きとめることなのかもしれない。

諧調維持を優先する姿勢は、世間の視線をリアルな恐怖感に変換する自己抑制的な力によって支えられているといえる。乱調の兆しを見せるときに直接叩かれるならいざ知らず、「場」や共同体から排除されることの恐怖があまりにリアルであるために、個人は、自律はおろか、そもそも自ら進んで、積極的に諧調維持に努めるのである。

なぜそうした恐怖はリアルすぎるのだろうか。リアルであるというには、それなりに、過去の体験がベースになければならないはずだが、おそらく小さい頃から嫌というほど味わい続けてきた経験が、それではないか。その一つは、人を信用するほどに、裏切られたときの傷が深い、といった実体験ではなかろうか。であれば、むしろ最初から他者を信じることなどしないほうがいいに決まっているのだ。正しいと思うことをそれが正しいからという理由で主張しても、乱調を生み出すものとされるだけで、結局は誰も頼りにならないという、他者に対する不信感があまりに強くなってしまっているのではないだろうか。

顔の見えない不特定多数の者たちとの闘いは、たった独りではきわめて困難であるからこそ、仲間としての「人間」が必要なのだ。結局自律しようとする個人にとって必要なのは、「人間」への、そして司法をはじめとした制度への〈信頼〉なのだ。そして、そのような〈信頼〉が、（現実には裏切られる結果におわることがあるとしても）確固たるものであるとの感覚があれば、人は自律しようという気になるのではないか。〈信頼〉が担保できる「社会」がなければ、廉恥の感情も起動することがないのだ。

しかし今や、共同体からの排除の恐怖よりも、他者との関係性を築くことそのものへの恐怖感をリアルに感じる人たちもいる。他者の何気ない一言に傷ついてしまうと、他者とかかわることが怖くなってしまうのだろうか。そのような人びとは、自律をめざす以前に、人とのかかわりを取り戻すことが急務となっている。宇野重規は、大阪市西成区にある「あいりん地区（通称、釜ヶ崎）」の街再生を追った映画『未来世紀ニシナリ』に触れて次のような感想を記している。

挫折する人生を重ねてきた若者に対してスタッフは、彼との関係が切れないよう、丁寧に話をつなげる。彼にあり得る未来を語り、彼の手持ちの人生からそこへの道筋を、少しずつ気付かせようとする。何より、まなざしで「あなたを信頼している」と語る。〔中略〕今、私も含めた世間に足りないのは、たとえば論争の技術や高度な論理以前に、この映画が描くような信頼感ではないだろうか。（宇野重規「「もやもや」感払しょくのために」小沢氏秘書逮捕『毎日新聞』岩手版二〇〇九年三月一六日文化面、強調傍点菊池）

他者への思いがまなざしで伝わるのは、よしとしよう。しかし、かつて信頼関係を築くための手段であった「言葉」は、どこへいってしまったのか。「論争の技術や高度な論理」の実践機に成り下がった言葉は、もはやまなざしには勝てないということか。それとも、すでに言葉への信頼が完全に失われたことの証左とすべきか。

いや、その一方では、見ず知らずの人間による何気ないたった一言に心動かされ、信頼感を覚えるような感情を抱く状況もめずらしいことではないようだ。もちろんそれは、人間関係がそうとう冷えきっていることの裏返しでもあろう。かのKTは、自殺を考えているときに長時間車を止めたときの駐車料金三万三五〇〇〇円を払えなかった。管理人に年末までに返してくれればいいと言われたとき、「スイッチが入ったように前向きになった」と感じて、のちに手土産を添えて全額返したのだという。自分がほかの誰かに大切にされているという感情を経験したことがない者ほど、赤の他人から「信頼」されたとの思いを抱きやすいのだろう。そのような感覚を味わうことができる機会に、人生のなかで何度かめぐりあえれば幸いだ。世間体を気にするだけの嘘の世界を子どもの頃から見続けてきた彼は、取り立てて深い意味のないたったの一言に「誠実さ」を感じとったのだろう。

だが、残念ながら、そのような一時的な「信頼」は、やはり勝手に抱いた「期待」に近いものではないか。それが本来の意味での〈信頼〉にまで発展するためには、もっと言葉を交わし合うなかで、たしかに自分は大切にされているという思いを深める必要があろう。ところが、そうした密な関係性へ踏み込んでいくことに対する恐怖感があまりにリアルであるがゆえに、自分の発する言葉への信頼さえもてなくなっているのではないか。そうなってしまった原因の一つは、幼いころから何度も言葉に裏切られてきたからではなかったか。

子どもたちが言葉を信頼するというのは、自らの言葉を受け止めてくれる大人たちがいて、また大人たちの言葉が偽善ではないものとして投げかけられたという経験を積み重ねてはじめて可能になるのではあるまいか。その積み重ねが、〈信頼〉に基づく関係性を構築できるという思いを可能にする〈永遠の現在性〉が常に開かれているという確信に、結びつくのだ。そうした確信がもてなければ、「場」からの排除を覚悟してまで異見をのべることはできないのであり、他者の言葉のみならず、己自身の言葉への〈信頼〉さえもてるはずもなかろう。

そうした〈永遠の現在性〉が開かれているという確信につながる体験を経ていればこそ、騙《だま》っているがゆえに異様で狂っているとしか見えないが、しかし他律的な動機と無関係に、周りの者たちに胡散臭いと思われながらも、正しいと思うことを黙々とやり続ける存在、そのような他者に出会ったとき、その姿になにかを感じとる「こころ」が育っていくのではないだろうか。なにかとは、そのような他者の「心ばえに照りかえされて、自分は恥ずかしいなとおもう」（辺見二〇〇九：一〇七）感性のことをいう。廉恥心とは、そのようなものではなかろうか。

おわりに――「暴力こそが唯一の答え」に向き合う

「望みのときに死ぬことができるという確信」を失うことの代償

二〇一〇年二月一八日、米国テキサス州の州都オースティン。IRS（Internal Revenue Service 国税庁）の事務所が入るオフィスビルに、小型自家用飛行機が突っ込んだ。「自殺」したJS（Joe Stack: Joseph Andrew Stack）は、同日付で自らのウェブサイトに次のような文書を残している。

我々は皆子どものころに、法の無きところ、秩序などありえず、社会は存在し得ないのだと教えられる。悲しきかな、この国においては、献身と奉仕に身を尽くせば、政府はすべての人間に正義をもたらすのだと信じ込むよう、幼きころから洗脳され続ける。その上さらに、この国には自由があり、建国の父たちに象徴される崇高な理念の前にいつでも命を投げ出す構えができていなければならないのだと信じるよう洗脳される。だが思い出してほしい。これらのうちの一つは、「代表なければ課税なし」［註：米国独立戦争のときのモットー：英本国の議会に植民地側の代表が出ていないのに課税が行われることに対する抗議］であった。大人になってからの我が人生のすべては、まだほんの子どものころから信じ込まされてきたこのことが、まったくの大法螺であったことを理解することに費やされてきた。今日では即座に、この理念のために信念をもって闘う者は誰であれ、「気違い」か、国賊か、はたまたそれ以下だと断じられる。
(Joseph Andrew Stack 2010, "Suicide Manifesto," 菊池訳)

もちろん世論は、彼の「戯言」を一笑に付したのだった。一九五六年生まれのＪＳ。彼の行為の背景には、遵法精神を植えつけられた者が最も馬鹿を見ることへの苛立ちを読み取ることができる。それが決定的になったのは、大学生のころだったという。

自立の重要性が身にしみて分かったのは、のちに大学生になったころである。当時一八か一九の学生として、ペンシルバニア州ハリスバーグのアパートで一人暮らしをしていた。私の隣人は、隠遁生活をおくる年老いた女性だった(当時八〇歳を超えた人間は、私にはものすごく古くさい時代の人間にみえた)。彼女は鉄鋼労働者の寡婦であった。彼女の夫は、会社側からも、そして組合からも退職後の恩恵を約束されて、ペンシルバニア中心部にある製鋼所で働き続けた。三〇年間勤め上げれば、退職後の年金も医療も保証されるはずであった。だが彼は、無能な管理職と腐敗した組合(腐敗した政府は言うまでもない)が年金の積立金を流用し退職後の生活を奪い取ったがゆえに、何ひとつ受け取ることができなかった何千人もの一人となったのだった。彼女がもらったのは、かろうじて生きていけるだけの社会保障手当だけだった。

ＪＳの怒りが向けられるのは、「理解不能な非道行為に手を染めることのできるほんの一握りの凶徒と略奪者」たちだ。彼らは、ＧＭの幹部をはじめ、「我々が冗談で米国医療制度と呼んでいる、毎年何万人も殺し、奴らのせいで廃人となった犠牲者やその死体から搾取する製薬企業や保険会社」でやりたい放題の者たちなのだ。しかも「この国の指導者たちは、奴らのこうしたやり方が、恥知らずで金持ちの仲間たちの不正を見て見ぬ振りをすることと同じくらいとんでもないことであるとは考えていない」のだという。

正義だって？　冗談だろう。

理性ある一人の人間が、どうやったらうまく説明できるというのだ。この国の徴税システムの中枢で無用の長物と化した白像［註：シャムの王様が気に入らない廷臣に与えて困らせたという故事から］という難問についてだ。事実上この国のあらゆる法制度がそうだ。この国には、極めつき、あまりに複雑すぎて、優秀な（御用）学者のなかでも最も聡明な者でさえ理解できないようなシステムがある。しかもそいつらは、専門家でさえも理解できないそのシステムが完全に法に則って働くよう監督責任を果たす義務があるのだと主張するので、システムの犠牲となる者たちは、無情にもその「説明責任を負う」羽目になるのだ。法は、税務書類の一番下の部分に署名することを「要求する」。しかも、正直なところ、自分が署名しているものが何なのかを理解していると言える者は、誰もいないのだ。それが「強迫」ではないとしてもである。もしこのやり方が全体主義体制の施策でないとするなら、ほかに何がそうであると言えるのか。

法、特に税制度に対するこうした不信感が極まるに至るまで、彼は何もしなかったわけではなかった。

一九八七年頃、上院議員、下院議員、知事、あるいは話を聞いてくれそうな戯け者どもに手紙を書き、プリントアウトし、送りつけるのに、少なくとも一千時間を費やし、自分の「所持金」を五千ドル近く使った。しかし誰ひとり、耳を傾けるものはいなかった。しかも、彼らは一様に、私のほうが奴らの時間を無駄にしているかのような対応をするのだった。私は、市民に対する奴らの非道に反対するキャンペーンを立ち上げんとする、不手際きわまるプロのグループによる集会をみつけては、そこに駆けつけるためにロスのハイウェイを飽きるほど車を走らせた。こうまでして分かったことは、奴らのための「自由」の新たなる宣言から思いがけずも生み出された果実を貪りはじめたばかりのブローカーたちの暗躍によって、いとも簡単にこうした努力がムダになるということだった。

ＪＳの苛立ちは、搾取される側のミドルクラスにも向けられていく。

奴ら〔富に恵まれた銀行家や実業家〕は、危害が身に及ばないよう対策を立てておくためと、「いつもどおりのやり方（"business as usual"）」を守るために、（一切文句も言わず、選挙はただの冗談になってしまっている）ミドルクラスから搾取する。いまや富に恵まれた奴らがヘマを仕出かし、貧者はそのヘマのために死んでいく…なんて巧妙で、美しい解決法ではないか。

自分が、敢然と立ち向かえることはすべてやったなどと言える者などではないことは知っているつもりだ。この国の人民は自らの自由のために命を投げだすことを止めてしまった、というのは作り話にすぎない。またそれは、黒人や貧しい移民たちに限られるものでもない。自分より前には数え切れないほど多くの勇敢な者たちがいたこと、そして自分より後にも必ずや多くの者たちが続くことを、私は知っている。しかし保証してもよいが、死者総数に己が屍を付け加えることなしには何も変わりはしないことをもまた、知っている。私は、「ビッグ・ブラザー」が我が屍の皮を剝いでいるとき、其奴を肩越しに見続けることを欲しない。私は、自分の周りで起きていることを無視することを欲しない。そして私は、いつもどおりのやり方がこのまま続くことはないだろうと自らを欺くことを欲しない。もうたくさんだ。

結局は暴力しかないというのが、ＪＳがたどり着いた結論であった。

暴力のみが答えではない、というのではなくて、それこそが唯一の答えなのだ。……〔中略〕……さあて、国税庁のミスター・ビッグ・ブラザーさん、ちょっと変わったものをお試しあれ。我が生肉一ポンドを見舞われて、安らかに眠りたまえ。

「望みのときに死ぬことができるという確信、ここにはなにかしら私たちの気持ちを奮い立たせ、くすぐるものがあり、そしてそれが耐えがたきものを耐えうるものに変え、無意味なものに意味を与えるのです」というＥ・シオランの言葉を思い出そう。いつでも望むときに死ぬことができるということは、翻してみれば、己の肉体も精神も、自らがその所有権を有する、ということでもある。しかし、茶番にすぎない法や正義によって、結局は合法的に殺されていくしかない、いわば法によって他人の所有物となってしまっている自分を発見するとき、自らの生の決定権が奪われている状態にあると確信するに至るのではないか。少なくとも己の最期は、自らが命を絶つことで、その決定権を守り得ると考えるのではなかろうか。

生の決定権を奪われた状態に置かれることとは、「もう一人の人間の合法的所有物であることの恐ろしさ（the horror of being the legal property of another human being）」〔註：ヘンリー・ルイス・ゲイツJr.による表現。リービ英雄によるエッセイ「シルバー・キャブに合い乗りして」（『世界』二〇一〇年二月号、一六九ページ）より」という、奴隷の状態にとどめ置かれることの恐怖を言い表すこの表現がそのまま当てはまるかのようではないか。まさにホモ・サケルのような存在として、他人の所有物であることを法によって宣言されることは、完全に自由を剝奪された状態に置かれること以外のなにものでもないのだ。ＪＳは、自殺することの自由を奪われるまえに、その自由を行使したのだ。「望みのときに死ぬことができるという確信」をもったまま自死することで、己の生の決定権を失わずにすんだわけだ。

ＪＳの「論理」

医療保険制度改革法案を成立させる一方で、多額の献金元である金融業界に媚を売り、核兵器廃絶を唱える一方で、臨界前核実験を行うといった、一見矛盾した政策を推し進めるかのオバマ大統領。それが政治なのだと言ってしまえばそれまでなのだが、一方ではまた、中間選挙で苦戦を強いられる民主党をあざ笑うかのように勢いを増した「茶会」運動。政治が人びとを裏切り続けてきたことへの不満がポピュリズム的大衆運動に吸収される一方で、ティー・パーティーなどに浮かれるだけでは済まされない、ＪＳのような行動を誘《そび》きだしたのではないだろうか。彼の嫌悪感が醸成されていく要因・契機には次のようなものがあったと考えられまいか。

①法・正義・民主主義といった崇高な理念への信頼喪失
②business as usual 的心性への苛立ち

③物言わず自己保身に忙しい大衆への嫌悪感
④正直者が馬鹿を見る世界への苛立ち

「暴力だけがその答えではない（violence not only is the answer）」から、「それ（暴力）こそが唯一の答えなのだ（it is the only answer）」への飛躍を可能にした推進力は、ある特定社会で人びとの言動を制御している「論理」ではなくて、ＪＳ自身の単独「意志」ではなかったか。「論理」に優先する単独の「意志」形成においては、社会的に合意された「法＝規則（一貫する原理原則）」を必要としない。逆に言えば、独善的「意志」の暴走を抑止するためには、「規則」に基づいた解釈が可能な状況を必要とする、ということになる。「規則」に基づいた解釈が可能な状況があって初めて、ある特定の「論理」が受け入れられる状況がつくりあげられるのだ。その場合の「論理」とは、人びとが社会生活を営む上で自らの行為・思考を縛ると同時に、それに従っていることでお互いに安心できる暗黙のルールである。もちろん、そうした「論理」は明文化されることはなく、また時代と共に常に変化するものではあるが、行為・思考を制御するという意味では、人びとの日常生活に強力に作用する。また、共同体の多数派の規範との違いは、そうした「論理」は、強制されて働くものではなくて、あくまでも自発的に受け入れるものという点にある。

ただし、「規則」イコール「論理」ではないことに注意する必要がある。例外のない法＝規則はないとの金言どおり、あらゆる個人が同意し受け入れ可能な法も規則も存在することはないのであり、したがって権力が定めた法＝規則がそのまま社会を律する論理にもなり得ない。もちろん、だからといって、法＝規則を定めても意味はない、ということにはならない。取りあえずみんなで守ろうという法＝規則がなければ、それこそ無秩序状態のなかで強いものだけが利する世界になるのであるから。みんなで従うことを受け入れるとき、法に従うことが望ましいという「論理」が出来上がっていく。その「論理」がどれほどの力を発揮するのかは、その社会の構成員のどれだけがそれを共有しているかにかかってくる。制憲力（憲法制定権力）とか構成的権力と呼ばれるものが、それである［註：芦部一九八三、ネグリ一九九九］。

法を破ることとは「罪」であるという「論理」が優勢であるあいだは、法の遵守を動機づける力が働くと言える。しかし、たとえば権力をもつ者たちの破廉恥な行為が目に余るような社会で、法によって反倫理的行為が可能になっていることが誰の目にも明らかになり、多くの者たちがそのようにして私腹を肥やしていることが暴露された折には、もはや当該社会の法を破ることが「罪」だとは、誰も考えなくなるのだ。すなわち、所属共同体の規範の侵害としての「罪」の意識は、法を遵守するための原動力としては、もはや力を持たないのである。そうした「罪」の意識の脆弱さは、みんながやっているから自分は無罪とする身勝手な論理にも通じる。すなわち、責任を負うことからのナルシシズム的逃走を可能にするのである。

一方で「恥ずかしさ」の意識は、そのような「罪」の意識とは異なり、人間としてそもそも応答責任から逃げることが不可能であるという点で、一般的罪の意識より強力であると言えよう。責任を引き受けることの重みから逃げようとするのだが、逃げることができないときに抱く感情が、「恥ずかしさ」なのであるから。

ところが、その「恥」の感情も、外面の「みっともなさ」の基準に成り果ててしまえば、その状況はちがったものになる。己の内面を知る者は自分だけであるという安心感から、内面のいやらしさは抑圧し続けるかぎりにおいて暴露されることはないのであり、重要なのは、外面を保つことだけとなるのだ。そうした自己意識は、ささいなことで暴走する。社会をまとめ上げる「論理」を形成するために重要な正義とか人権のような概念などは笑止千万であり、自らを神の位置にまで押し上げることさえ可能となるのだ。外面の「みっともなさ」の基準に成り下がった羞恥心とは異なる、廉恥の感情としての「恥」の感覚を取り戻す必要があるのは、廉恥心なくしてそのような「論理」を復権することができないからでもある。本書では、そのために必要なのが、〈宿罪〉の意識であると考える。

社会をまとめ上げるある種の「論理」は、「法＝規則」の制定・遵守あるいは否定・脱法といった人びとの振る舞いの総体的あり様によって力をもつ。「恥ずかしさ」の感情が、社会を貫くある種の「論理」として機能しているとき、破廉恥な「意志」は抑制されよう。しかし、恥の感覚そのものが変容してしまった現在、外面の「みっともなさ」こそが人間として恥ずかしいという「論理」となって影響力をもつようになってきている。だから、自らの外面を保つこと、自己保身を優先させることは、もはや「恥」ではないのだ。

ＪＳが従うべき「論理」はもはや消滅しているのであり、彼は自らの「意志」のみを頼りに、天罰を下すべき者が誰であるかを解釈し、それを実行に移すことが可能になるのである。皮肉にも、彼が他者を敵と認識するときの拠り所となったのも「恥」の感覚であることだ。恥知らずの、破廉恥な人間どもこそ、彼が天誅を下したい相手であったことだ。いわば己の「生肉一ポンド」をかけて「恥」概念の復権をはかろうとした、とでも言えようか。

ＪＳの行為は、国税庁の特定の役人を狙った殺人ではなくて、ＦＢＩが断定したとおり、やはり自殺であるとすべきかもしれない。しかし、その境界は必ずしも明確なものではない。ちょうど、死にたいから他者を殺すという「論理」が、「我々常識人」には不可解であるように、飛行機で突っ込むことで自らの命を絶つことと不特定多数の人間を殺めることをつなぐ「論理」も、やはり常識人には理解しがたいのだ。その理由は、そうした凶行をなす者たちの「論理」と、常識人の「論理」が、そもそも同じものではないことによる。すなわち、凶行をなし遂げる者たちは、「常識人」たちの「いつもどおりのやり方（business as usual）」こそが恥ずかしいものだと認識しているのに対して、「常識人」たちは、むしろ「いつもどおりのやり方」に従って生きることが恥ずかしくない生き方であると捉えているのである。だから、「常識人」にとっては、己の外面を保つこと、自己保身することは、それほど恥ずかしいことではないのだ。すでに、破廉恥な行為は、取り立てて破廉恥なものではないのであり、その「論理」に従うことは、いわば、「みんなやっている」ことでしかないのである。

一方の、「常識人」の破廉恥さに耐えがたさを覚えて凶行に至る者たちも、実は、「常識人」の「論理」で動いていることに気がつかない。すなわち、「常識人」たちの自己保身的態度（例えばどのような法であれ、法に従うことそれ自体が正しいのだと信じて疑わない態度）同様、自分だけがたどり着いた「真理」の権威を守るために破廉恥な「常識人」たちに天誅を下すことは、まったく恥ずかしくないのである。ある意味で、「神」のような立場にまで自己を押し上げた己の「解釈」が、独りよがりの恥ずかしいものなのではなくて、むしろ「誇り」でさえあるのだ。だがそれは、自分こそが真の「常識」を備えた人間であると恥ずかしくもなく思える人間たちと大差ないのであるが、本人はそれに気がつかないのだ。

いわば「信念」と化した己の「恥」概念をもって破廉恥な人間どもの処罰を企てるのだが、自分以外のすべてが破廉恥な存在であると認識するその時点で、自分だけ（あるいはほんの少数の者たち）が恥ずかしくない存在だと断定する己自身をも、破廉恥な存在へと貶めてしまうことに気がつかないのである。しかし、「信念とはあらゆる恥辱の原因であるように、ほとんどあらゆる逆上の原因でもあるから、後者よりも前者の場合にこそおのれを恥じねばならぬ危険ははるかに大きいのである」（シオラン 一九八六：一七二）という事実を忘れてはならない。

今や彼にとって最も信頼できるのは、己自身の「意志」だけになっているのだ。つまり、彼が自身の「生肉一ポンド」を見舞うことで復讐を果したかったのは、「常識人」たちがさも大事そうに守り続けてきた、「もっともらしい論理」そのものだったのではないだろうか。結局、そうした「論理」とは、様々な人びとの様々な行為によって紡がれる空間である「社会」そのものをまとめ上げる力であるのだが、その人びとの関係性の総体である「社会」なるものの一切が偽善的関係性に根ざしたものに過ぎず、もはや誰も彼に耳を傾けてくれないと思った暁には、残された手段は暴力しかないことになるわけだ。不特定多数の人間たちが支える破廉恥な「論理」に逆らうことが、たった一人の人間の努力ではいかんともしがたいものであると結論づけ、自分だけがその許せない「論理」の間違いを知っているのだと勘違いするとき、結果は目に見えているのだ。

人は、自己の言動を制御する内なる「論理」を欠いては、安定した自己を保つことはできない。このことは、「正義」や「寛容」といった民主主義の大文字の理念に裏切られたと即断する者たちが、新たな論理獲得のために、宗教やナショナリズムの「教義」にいとも簡単に引きつけられる傾向にも明らかだ。

大文字の理念にしろ、宗教やセクト的教義にしろ、ある種の「権威」をもっていることが前提である。社会的に構築された「権威」は、本来は、容易に個人の感情によって脅かされることはないはずだ。なぜならば、抗うことを許さない「権威」は、不特定多数の無数の人間たちが支えることによって存在可能となるものだからである。支える主体が不可視の「権威を支える構造」は、独りで解体するにはあまりに手強いのだ。ただし、そうした不特定多数の存在が「アクセス数」によって可視化される時代に入ると、「権威を支える構造」はもはや安泰ではいられない。過激な発言や動画を不特定多数に向けて発信することで、瞬時に支持を獲得することが可能となり、たとえば「カリスマ性」のような、支持の多寡によって獲得できる「権威」のようなものを、たった一人の私的感情から生み出すことができるようになるからだ。それが公的領域にかかわるものであるなら、なおさら注目度が高まるのは必至である。他者に対する激しい差別感情を露わにして憎悪感情を煽るような集団は、その例である。私的感情を臆面もなく公的領域に直接押し込むことによってそれが可能となる快感は、それまではほぼ無視されたも同然の生を強いられてきた者であればなおさら、その悦びは大きいと推測される。

もちろん、カリスマ性を獲得できるのは、一握りの幸運な者だけである。大概は、そのカリスマが帯びる「権威」のようなものを無条件に受け入れることで満足感を得るのだろう。宗教やナショナリズムの「教義」に引きつけられる者たちもそうではないか。与えられた「権威」をそのまま無条件に受け取る者たちは、自己の精神を安定させる新たな「論理」を獲得したのだと安心するのだろう。

もちろんＪＳが最後につかんだものは宗教やナショナリズムの「教義」ではなかったが、彼がたどった思考過程も、最初は大文字の「理念」の裏切りに端を発したものだったのではあるまいか。そうした経緯は、次のように図示することができよう。


純粋な心に植えつけられた理念の裏切り（すべてが「大法螺＝嘘」と判明）

←

不法行為を擁護するだけの手段に成り下がった法・正義の消滅

←

「いつもどおりのやり方」への過度の依存（不特定多数の人間）

←

自己保身に忙しい大衆への苛立ち

←

正直者が馬鹿を見る世界の変革への強い意志（"American zombies wake up and revolt"）

ＪＳがアメリカ社会で称揚される法、正義、民主主義といった「理念」への信頼をなくしていく過程は、日常生活のなかでの実体験で確かなものとなっていったことが明らかである。自らが信頼していた理念がまったくの大法螺であったと確信するとき、その茶番劇を演ずることで利益をむさぼる者たちへの嫌悪感がつのると同時に、business as usual 的心性（今の状態が今後も続くことを根拠なくも信じている態度）をよしとし、物言わず自己保身に勤しむ大衆への苛立ちも膨らんでいった。そうした苛立ちが嫌悪となり、憎悪へと強まるにしたがって、正直者が馬鹿を見る世界に住むゾンビたちを目覚めさせるには、暴力をもって臨むしかないとの思いに囚われてしまったのではなかったか。

「言葉」への信頼と「恥ずかしさ」の喪失

言葉への信頼が失われるのも、法、人権、民主主義、あるいは正義といった、大文字の理念が、実は茶番にすぎなかったのだと実感するときである。子どものころから正しいのだと信じ込まされてきた、社会的にも承認されているそれらの高尚な理念に「裏切られた」と確信した段階で、理念を言い表す言葉そのものへの不信感は極限に達するのだろう。換言すれば、「言葉」の意味を支える力への失望である。言葉の意味が社会的に共通の論理によって支えられることによってはじめて、人は安心して言葉を使うことができるのであるが、表向きの表現と本音である深層的意味が異なっていたのだということが暴露されたとき、そのことに気がついた人間は、もはや言葉など信用できるはずもなくなるわけだ。騙されていたという思いにとらわれるとき、他者が口にする「言葉」の意味を支える力が消滅するのである。

同時にこの段階では、自分が発する「言葉」の意味を支える力も消滅する。自分の「言葉」には、それにどのような意味を込めたいのかを決定できる自己の意志が反映されているのだと考えたいのであるが、他者はその意味を文字通り引き受けることはないことに気がついた段階で、いわば自分が所有しているはずの意味の制御権なるものも絵空事にすぎないのだと確信するのである。

こうした、意味を支える力が、社会を取りまとめることのできる「論理」である。大文字の輝かしき民主主義的理念が、社会をまとめ上げる理念として通用するのに必要な「論理」が失われるとき、すでに「恥ずかしさ」を支える「論理」も失われているのだ。高尚な理念を口にしつつ、その実、厚顔無恥な嘘をついているという状態が一般化している状況では、正直者が馬鹿を見る事態が誰の目にも明らかなのだから。恥感覚の喪失は、そうした「論理」、法＝規則といった、大勢の不特定多数の人びとが、自己の言動を制御する際に依拠する安定したルールの喪失と連動していることが分かる。

子どものころから教え込まれてきた理念が社会をまとめあげる力をもっているかに見えたのは、支配層によって「洗脳」されてきたからなのだと断定するに至ると、様々な形で「社会」への復讐が始まる。ここでの「社会」とは、人びとの様々な関係性の総体であるから、復讐も、自己の属する「社会」とのかかわりの度合いに応じて、様々な形をとるであろう。

たとえば、社会的に承認されているもろもろの理念が虚偽にすぎないのであるならば、自分もそのような理念など信じる必要がないのだとして、自らもその嘘を徹底して利用する、といったことが起きるかもしれない。おそらく、経済的に余裕のある人間であるならば、なおさらその傾向は強いものがあろう。自らもそうした嘘を利用し、他者を出し抜いていけばよいのだ。そうなれば、すでにその人間は、恥の感覚も同時に捨て去ることになろう。しかし、それまで正しいと信じてきた理念をそう簡単に捨てきれない人びともまた少なくない。なぜなら、今ここに在る自分なるものの意識を構成するのは、自身が信じる「言葉」の意味によって支えられているのであり、いわばそうした意味が自己をかろうじて安定したものにするためになくてはならないものだからである。二重人格的な存在であるならいざ知らず、簡単に別の理念に乗り換えてしまうわけにはいかないのだ。

「社会」に対する復讐の別の様態として、それまで信じてきた理念、およびそれを唱える人びとを嫌悪し、自己の意識を支える新たな理念に狂信的に没入するという方向性もありうる。それまで信じていた理念に代わる、自らの生の拠り所となるあらたな理念を求めて、宗教的教義や、ナショナリズム、人種主義といったものに一気にはまり込んでいく場合がそうである。たとえば、八百長的な大文字の理念には失望してしまった者たちがイスラムの聖戦士を自認するテロ行為に及ぶとき、彼らは自己の精神を安定させる、嘘をつかない、あらたな理念を獲得したことに悦びを感じるのであり、逆に自らを洗脳し続けてきた正義や人権といった理念も、憎悪の対象でしかなくなるのだろう。いわゆる、独りよがりの解釈に基づく、自己の意志の暴走を招くのだ。私たちが「社会」なるものを維持し続けることを望むなら、こうした傾向は最も避けなければならないものであることは疑いない。独りよがりの意志の暴走が始まれば、もはや「社会」なるものは存続できないからだ。

こうした過程を経ていくなかで、「恥」はどのような形で介在するのだろうか。再度、「引き受けることのできないもののもとに引き渡されること」という恥ずかしさの定義に引き寄せて考えてみよう。法に則っていると言いながら平気で他人の権利を侵害する他者の行為に「恥ずかしさ」を認めるからこそ、そうした破廉恥な他者への嫌悪感が募っていくのであろうが、大文字の理念そのものの内実を信じたままで、むしろ理念そのものに対してではなくて、その理念を裏切る行為に耽る者たちを破廉恥だと捉える場合もあれば、自分を裏切った理念およびそれを説く者たちの両方を嫌悪する方向に行く場合もある。とくに後者の場合、精神のあらたな拠り所としての宗教的教義やナショナリズムの言説およびそれを説く者たちに、自分を裏切った理念やそれを洗脳する者たちにはない、汚れなきピュアな精神を認めることになるのだろう。

前者の場合、すなわち、理念そのものの正しさは依然として信じつつも、むしろその理念に反した行為を平然となす者たちを非難する場合には、そうした行為に耽る者たちのあり方そのものを引き受けることができないわけだ。そしてなおかつ、自分自身も同じ「社会」空間に身を置き続けなければならない以上、見て見ぬ振りをすることも許されない状況に引き渡されるのだ。そうした状況下で自己保身的態度へと逃げ込むこと、すなわち、引き受けることのできないもののもとに引き渡されてしまうこと、それが恥ずかしさの原因であろう。そのような「社会」では、見て見ぬ振りをして自己保身に勤しむほうが得なのであるが、さりとてそれはできないのである。

一方、後者の場合、すなわち、理念を唱える者たちのみならず、理念そのものをも嫌悪するときに引き受けることができないのは、理念とそれを唱える者たちの双方であるが、自らの精神の置きどころが、それまでと同じ「社会」であることにはもはや耐えられず、むしろ別の「社会」を求めていくのではなかろうか。同じ宗教的教義やナショナリスティックな言説を共有していると信じる者同士だけで構成される「社会」である。そこでは引き受けることができないものは引き受けなくてすむのであるから、自身の嫌悪する理念やそれを唱える別の「社会」の住人たちは嫌悪の対象でしかなく、そんなところに引き渡されることも想定外なのだ。彼らにとってはむしろ、嘘八百の民主主義的理念などを受け入れることは「みっともない」ことであり、それこそが恥ずかしいのだ。もちろん、物言わず自己保身ばかりであることも恥ずかしいことではあっても、彼らにとっては、「誤った理念」を受け入れることはもっと恥ずかしいことなのである。

しかし、この後者の恥ずかしさは、やはり独善的なものになってしまうのは避けられない。結局は、正しい理念と誤った理念との線引きの基準となるのは、自らの「意志」が善しとする信念であり、多用な価値観が混在する「社会」空間をまとめ上げるに貢献する「論理」に頼ることを必要とせず、自らがそうであると認定した「私的な思い」にすぎないからである。だがそれは本人にとっては絶対的なものであり、極端な場合には、その正しい理念を体得した自分は神にも匹敵する立場にいることさえ信じて疑わない者も出現するのだ。

両者の違いでもっとも重要な点は、そもそも理念なるものの内実をどう捉えるかにある。前者は、おそらく、理念は実在するものというより、想像上のものであって、その内実は自らが肉づけ（すなわち実際にそのとおりに生きようと努力）するものであるという認識をもっている。いわば、理念はまだ確定的なものではなくて、理念を語る言葉もその意味も固定されたものではないのである。それに対して後者の場合には、理念は、あらかじめどこかに存在しており、また「正しい理念」と「誤った理念」があるという前提に立っているのだろう。そしてそれまで信じていた「誤った理念」にはさっさと見切りをつけて、新たな理念を選び取るのであるが、実はその理念の内実も、自らの努力とは無関係にすでに存在するものである。それら理念の内実は、すでに「正しい者」たちが肉づけしてくれたものであるのだ。

前者は、理念なるものの内実は今後も深化するものであり、その深化の過程にかかわっていく力を、自己の内部に認めるのに対して、後者は、そのような過程に関わる力を自らの内部に認めることができないのである。いわばこの自己の「無力感」が、すでに正しいことが確定された理念へと容易に乗り換えることを可能にしていると言えまいか。恥ずかしさと関連づければ、それは、理念の肉づけは自らの努力によってなされなければならないという事実を引き受けることを放棄している、ということになろうか。いわば、恥ずかしさに耐えることを放棄しているのであろう。

自由、平等、正義、寛容などの民主主義的理念を唱える者たちの行為が破廉恥なものであることが暴露されるとき、自らも彼らと同じ「社会」の住人であり、その破廉恥な行為に何らかの形でどこかでつながっていると認識すれば、その恥ずかしさから逃げるわけにはいかなくなる。その場合の嫌悪の対象は、あくまで生身の人間たちであって、それら大文字の理念そのものではない。一方、高貴な人間の唱えるよりピュアな理念に統制されるより善い「社会」を求める意志が強い者は、理念も破廉恥な人間もそうした「社会」もすべて嫌悪の対象として捉えるのであり、極端な場合、自分以外の人間はすべて抹殺の対象とさえなりかねない。そのような人間にとっては、腐りきった社会の住人であると自己認識して恥を耐え忍ぶことは、もはや選択肢としてはありえず、破廉恥な行為をした輩を罰する使命感にかられる者さえ出現するのではないだろうか。

そのように、恥を耐え忍ぶことを受け入れない、すなわち「引き受けることのできないもののもとに引き渡されない」ように仕向けるときの、引き受けることができるか否かの決定に際しての基準は、「好／悪・快／不快・美／醜」の感覚ではなかろうか。換言すれば、「みっともなさ」としての恥ずかしさである。「好／快／美」的なものは、よろこんで引き受けることができるのであり、まったく恥ずかしくないのである。その一方で「悪／不快／醜」的なものは、「みっともない」がゆえに、決して引き受けることはできないのである。また、「みっともないもの」は、徹底した差別・排斥の対象ともなるのではないか。そうなれば、汚れなき者たちの唱えるピュアな理念に支えられた美しい社会を語る言説を無条件で受け入れ、過激な差別主義者に変貌していくのをみることは、それほど難しいことではないのだ。

一方、多種多様の価値観をもった多元文化的人間たちが構成する現実の「社会」は、とても美しいものなどではなくて、不快であり、醜いものであることを認めたうえでなお、自分はそのような「社会」で不様に生きることしか許されない人間であることの〈宿罪〉の意識をもって、そのあるがままの事実をすべて恥として引き受ける者は、慎み深さという廉恥の心を知ることになろう。あるがままの恥をすべて受け入れること、それが、言葉への「信頼」を取り戻すことの一歩となるのではないだろうか。

言葉への「信頼」の回復

信頼が喪失される契機が理念の裏切りであったとすれば、失われた信頼を回復するためには、理念に裏切られることのない「社会」をつくりあげる努力を地道に積み重ねていくことしかないのではないか。二五万通にも及ぶ米国の外交公電を入手して随時暴露するというウィキリークス（WikiLeaks: WL）の衝撃は、その意味でも興味深い。

過去の外交交渉の裏側を洗いざらい暴露されることは「信頼」喪失であるとする側からすれば、代表のジュリアン・アサンジ氏を犯罪者に仕立て上げて、ＷＬの息の根を止めることが、そうした「信頼」を回復することになろう。一方、ＷＬの側からすれば、支配権力の虚偽によってどれだけ人民が被害を被ってきたのかを暴くことは、むしろ民主主義の掲げる大文字の理念の有効性を信じつつ、なお民主的制度を確立するための「政治」への信頼を取り戻すことになるのだ。

ＷＬの創設者であるジュリアン・アサンジは、この点に関して次のような興味深い文章を書いている。

支配権力の行動パターンを迅速に変えるには、まず支配権力というものは変化を望まないという理解を肝に銘じ、明晰かつ大胆に思考しなければならない。……［中略］……　第一に、政府機構や巨大企業の行動のどういった側面を変えたいのか、または取り除きたいのか、十分に理解するべきである。第二に、権力者の行動を変えるためには、政治的に歪められた言葉の罠を潜り抜け、明確な立場を確立する思考方法を展開しなければならない。第三に、気高く効果的な一連の行動を自ら盛り立て、他の人たちにも連帯してもらえるように、こういった洞察を活用していく必要がある。（アサンジ二〇〇六a：一、宮前ゆかり訳）

「政治的に歪められた言葉の罠を潜り抜け」「気高く効果的な一連の行動を自ら盛り立て」「他の人たちにも連帯してもらえるように」努力するというのは、政治言語の嘘を暴き、自らの言動に誠実さを貫き通し、他者の信頼を得るよう努めること、と言い換えられまいか。それは、この文章の三週間ほど後に別のタイトルで書かれたほぼ同内容の別の文章において「第一に…」以降の部分が次のように書き換えられ、そこに付された註からもそう考えられよう（主要な変更部分は、「行動」が「構造」へ、「政治的に歪められた言葉」が「競合する政治的道徳原理」となっている）。

我々は、悪しき統治機構を可能にする基本構造を理解しなければならない。[1]
そうした構造を変えるためには、競合する政治的道徳原理の罠を潜り抜け、明確な立場を確立する思考方法を展開しなければならない。
そして最も重要なことは、気高く効果的な一連の行動を自ら盛り立て、他の人たちにも連帯してもらえるように、こういった洞察を活用することである。そうすることで、悪しき統治機構をよりましなものにしてくれる様々な構造へと変えていかなければならない。
（アサンジ二〇〇六b：一、菊池訳）

そして最初の一文にはやや長めの註が付されている。

（1）何かが不公正であると感じる行為を目にしても何も行動を起こさないとすれば、我々はいつでも不正行為に関わる当事者となるのだ。不正行為を目にするそのつど常に消極的態度を取り続ける者は、遠からず、自らが奴隷根性の持ち主へと成り下がっていることを知るだろう。最もよく見られる不正行為は、悪しき統治機構と関わっているものだ。統治機構が善きものであれば、一方的な不正行為はまれであるからだ。人間の性根の漸次的堕落ゆえに、公になったとしても反駁されることのない不正行為の及ぼす影響は、見かけよりもはるかに大きいものがある。現代のコミュニケーション状況の規模、一様性、そしてその過剰性ゆえに、我々は、目撃されはしても見かけ上反駁不可能に思える不正行為の空前の大洪水に見舞われているのだ。（アサンジ二〇〇六b：一、菊池訳、強調原著者）

民主政治にとっての最大の敵が、政治言語を歪曲する統治機構であり、その悪しき統治機構を変革するときの最大の障害は、仮に不正行為を知り得たとしても、見て見ぬ振りをする人間たちの破廉恥な振る舞いであることを衝いた文章である。政治言語の嘘を暴きだすこと、虚偽を真実と言いくるめる統治の構造を変えるための連帯を勝ち取ることの重要性、さらに連帯を勝ち取るためには自らの言語に誠実さを貫き通すこと。こうした処方箋を促す最大の原動力は、見て見ぬ振りをすることの恥ずかしさに対する鋭敏な意識であると言えまいか。留意すべきは、改革には人びととの連帯が重要であるという視点である。多くの人びとが政治的立場の違いを超えて連帯できる「論理」を構築するために、「気高く効果的な一連の行動を自ら盛り立て」る必要があるというわけだ。それは決して、独りよがりの独善的な言動によって一気に革命を起こそうといったものではない。

宮前ゆかりが指摘するように、「支配と従属の権力構造は常に秘密の合意に依存している」(宮前ゆかり二〇一一:四二)とすれば、アサンジ氏が目ざすのはそれを暴きだすことだということになろう。ただし付言すれば、その合意は常に支配する側の独裁的権力によって結ばれるものとは限らず、被支配者の側も、何らかの利益を前提に(積極的ではないにしても)自ら進んで同意する場合があることだ。たとえば、見て見ぬ振りをするという恥ずかしき行為が、そうした秘密の合意を維持することに手を貸す場合がそうである。

本書での議論は、そのような破廉恥な行為を抑止するのが、〈宿罪〉の意識であると考えてきた。じつは、〈宿罪〉は自己の内的精神に書き込まれた「秘密の合意」と言えるかもしれない。すなわち、内面に住まうもう一人の自己との秘密の会話のなかでなされる、他の生命を奪うことによってしか生きられない己が慎み深さを失わずにいるかぎり、あらかじめそのような生を生きることが赦されているという、いわば身勝手な解釈に基づくものなのである。〈宿罪〉の意識をもつことは、そうした事実を引き受けるのを拒むことは許されないとする意識をもつことなのだ。それは、もう一人の内的自己とのあいだで結ぶ、自己都合的暗黙知のようなものでしかないのかもしれない。そのような身勝手な解釈、すなわち、その「秘密の合意」が暴かれそうになったときに、恥の感覚が湧き上がらない者は、完全に廉恥心を喪失してしまっているのだ。

〈宿罪〉を意識する者は、内的自己に常にそれを意識せよと命じられるのであり、自分が「秘密の合意」を隠し持った恥ずかしい存在であることを知っているのだ。何事も起こらないときはそれを忘れたふりをしてやり過ごすことができても、いったん自らの廉恥心が試されるような場面に直面すると事情は一変する。その秘密が暴かれてしまいそうな状況を簡単には「引き受けることができない」のは、その暗黙知が暴露されてしまえば、自らの存在そのものを否定しなければならないからである。しかし、廉恥心をもつ者は、（そのこと自体恥ずかしいことであるのだが）自らの生存を肯定するために も、〈宿罪〉を隠し持っていること、そしてそれを内面的自己が黙認しているという「秘密」を、人間の最低限の条件として引き受けなければならないのだ。

法が不正行為を抑止できず、むしろ率先して不正行為を擁護する手段と成り下がるとき、正直であれとの道徳理念を押しつける側の破廉恥な正体が暴かれるとき、そして、見るもの聞くもの感じるもの、およそ人間が吐き出す息のかかるところ、恥の臭いのないところはないという思いに囚われてしまったとき、人は、どうやって正気を保つことができるのだろうか。本来、腐りきった恥の放つ悪臭が相当きつい時代があったのではないかと思うのだが、昨今の恥は無味無臭だと言ってよいだろう。無味無臭であるがゆえに、恥感覚の喪失は、それほど深刻な問題だと意識せずに済んでいるだけなのかもしれない。

言葉を発するというその営みのなかでのみ、〈私〉が在ることができること。言葉への信頼は、己が発した言葉に「どこかで拘束されている」（緒方二〇〇一：二〇一）感覚を経ることによって、確かなものとなるのではないか。己の発する言葉に誠実さを貫き通すことによってのみ、廉恥の感情を失わずにいられるのだが、得てして〈宿罪〉を忘れてしまいがちな私たち人間は、そのような拘束に縛られないでも平然としていられる破廉恥な存在である。それを忘れてしまったとき、廉恥の感情も失われるのではないだろうか。

あとがきにかえて

本書の執筆は、「はじめに」でも触れた死刑執行の記憶がまだ生々しいころであった。やがて年も明け、三月まで持ち越した確定稿の印刷所入稿も済み、翌週にはゲラが上がってくるというタイミングの三月十一日、三陸・宮城沖を震源とする大地震が発生した。岩手の寒村に滞在していた筆者も、太い梁に亀裂が入り家屋も傾ぐほどの、それまでに経験したことのない非常に大きな揺れに見舞われた。地震直後は電気が止まり、通信手段もすべて失われた状況のなかで唯一の情報源である携帯ラジオから漏れ伝わる情報によれば、宮城県南三陸町では住民の半数を超える一万人以上が安否不明であると伝えられていた。さらに、福島原発が危機的状況にあるというニュースは、さらなる不安を掻き立てるには十分すぎるものであった。

「あとがき」の草稿を準備していたこのころは、社会的に注目すべき様々な問題が念頭にあった。時系列を逆にたどれば、メア元米日本部長による沖縄侮辱発言や鳩山「方便」発言をはじめ、検察がらみでは取り調べの全面可視化、陸山会事件や元検事によるデータ改竄事件の公判、政局関連では民主党の迷走にも起因する政党政治崩壊への危機感、民主化要求が高まる中東情勢のゆくえなど、気になる出来事が同時進行で進展していた。

しかし今や、こうした問題がすっかり霞み過去のものになった感がある。M9・0という過去最大規模の大地震が引き起こしたのは、太平洋沿岸部の町や村を壊滅させた大津波だけではなかった。福島原発の状況はすでにスリーマイル島の炉心溶融事故をしのぎ、チェルノブイリ原発事故と同じシナリオが繰り返されるのではないかという悪夢が、現実のものになりつつさえある。そんな、言葉という言葉がすべて空疎に響く状況下では、あえて記すに値する言葉など、筆者ごときに見つかりはしない。がしかし、この期に及んでなお「組織の論理」に流され責任を引き受けることから逃避するかのような事例が漏れ伝わってくる。

高い放射線量を示すデータ公表を渋るかのような対応をする東京電力、時系列での放射線量数値の公表をしないよう求めた文科省、放射能の拡散状況を予測するSPEEDI（緊急時迅速放射能影響予測）システムのデータ公開に消極的な原子力安全委員会、あるいはそれぞれの主張が真っ向からぶつかり合う「福島原子力発電所事故対策統合本部」設置をめぐっての首相官邸と東電側の態度およびそれを報じるメディア各社の立ち位置。福島ナンバーの車や汚染地域からの避難者の忌避、放射線量スクリーニング検査による異常なしの証明書をもたない被災者の避難所受け入れ拒否、そして病院での診察拒否。線量計もなく十分な防護服も与えられず高い放射線量のもとで作業を命じられる「協力会社」の作業員たち…。

命令し、強制し、あるいは排除する力をもつ側にいる者たちが、自らが属する「組織の論理」を己の自己保身的感情によって積極的に支えるという、例の諧調維持優先主義。所属する「組織」「共同体」「場」の規範を侵害することを極度に恐れる態度。これらすべての事例に共通して見られるのが、それではないか。最も弱い立場にある側が命を差し出すことを強制されるこうした事例は、今後も報じられるのではなかろうか。

だが組織の論理に流されることは、同時に、個人の責任を逃れることにもつながる。なんらかの形で組織に依存して生きる私たちの誰もが、このことを忘れてはなるまい。おそらく震災が一段落したとき、高い倫理観をもって行動した人びとをめぐる数多くの美談や英雄譚が発掘されることと思うが、私たちの多くは、自己の対応への批判的反省を求められることになるのではないだろうか。多くの人びとが、電力に支えられた快適な生活を維持することと引き換えに、原発の危険性を忘れようと努めてきたという事実は消せないのだから。それほどまでに私たちは、個人の意志のみでは組織的権力に抗しきれないという見立てに甘んじて、自己保身的態度を正当化してきたのだと思われる。

どこかの老政治家が吐いたという。「日本人のアイデンティティーは我欲になった」「それを一気に押し流すですね、津波をうまく利用して我欲を一回洗い落とす必要がある。積年たまった日本人の心の垢をね。これはやっぱり天罰だと思う」という言い草は、組織の力に翻弄される人びとの存在が眼中にないからこそ可能な表現ではなかったか［もっともこの発言を己自身に当てはめて吐露するのであれば、誰しも我欲があることは否定できないという意味でも、この発言には一面の真理がある。かの老政治家は、これは「日本に対する天罰」と後で釈明したそうだが、そのように言える資格をもつ人物は、我欲とは無縁の生を生きてきた者だけであろう］。

過去にも数々の差別表現で物議をかもしてきたこの男の品性を今さらとやかく言っても意味がない

が、組織を動かしうる力をもつ（と過信する）者の驕りから生まれる差別的発想が、組織的権力を暴走させ人びとに必要のない犠牲を強いるという構造を、この物言いにも見てとることができよう。（たとえば民主主義的手続きには常につきまとう面倒で）統御に手間取るカオスを戦争や大震災によって一気にデフォルト状態に戻すという発想は、「勝ち組」一般への敵意をいだく者か、さもなくば、己自身を、災禍を免れた状況におくことのできる人間にしか思いつくことができないものだろう。

たとえいくつかの海外メディアが危機的状況下の日本人の礼儀正しさを称揚したとしても、残念ながら人間のもつこうした破廉恥な性根は、今回の大震災においてもなお、さまざまなところで観察されるのではないかと考えるのは悲観的すぎるだろうか。繰り返しになるが、どんな言葉も空疎に響く状況のなかでものを書く行為など、まさに恥の上塗りにしかならないことを承知のうえで、用意しておいた「あとがき」につなげることを許されたい。

「はじめに」でふれた、「〈私〉時代のデモクラシー」において鍵となるのは「リスペクトの配分」であろうとの見立てに基づいて、自分とは異なる「信仰」をもつ他者への敬意を払うこと、そして敬意をもって遇されていると受け止めること、いずれの実現も、実はとても難しい。他者に対する敬意の感情を抱くことと、実際の行為として敬意を示すこととの現象学的落差のみならず、己の内面において湧き上がるその思いがどれほど強いのか、また敬意の表現行為にどれほど強くその思いを込めるのか、さらに他者の敬意を感じ取る側が抱く思いがどれほどのものなのかにおいて、その程度に落差があるからである。それは、自己と他者とのあいだの関係性のなかで、それぞれが自らの心の内で思い抱く一種の「想像値」であり、ある種の絶対値を基準とする測定器ではかれるようなものではない。結局は、敬意を表するための共通の基準のようなものは設定しようがなく、あくまでも個々人の内面のありようにかかっているのである。

正義や、より善き倫理をどのようなものとして構想し、その構想をどのようにして実現に結びつけるのかという困難な問いに対して、政治学においてもさまざまな立場があるが、本書は、"agonistic respect"（「アゴーン的敬意」〔杉田他訳〕）と呼ばれる捉え方をその基調とする。

最後に、言語政治学における本書の位置づけを記しておきたい。

異なる「信仰」をもつ者たちが、ある種の「合意」にたどり着くよう折衝する政治という場においては、自らの信仰と他者の信仰のあいだで何とか折り合いをつける必要があるのだが、往々にして、資本（文化資本も含む）に基づく強大な権力を有する者たちが決定権を握る。そもそも政治学は、その横暴を抑止するために、正義や倫理のあるべき姿を構想することが運命づけられている。たとえばカントの道徳律、ロールズの正義論は、正義という概念を、ある種の普遍的・超越的概念として想定し、人間はその修養を目指さなければならないとする倫理観のもとで、より善き正義を実現できるという構想だ。

それに対してウィリアム・コノリーは、より善き正義や倫理を実現するために、「アゴーン的敬意」と「批判的応答性」という、二つの市民的徳を想定することで、べつの筋道を構想する。人は、それぞれの立場においてそれぞれの「信仰」をもつ。そのこと自体をまず受け入れたうえで、自らの信仰とは異なる信仰をもつ他者に対して、まず「敬意（respect）」を払う必要があるとする。それが

「アゴーン的敬意」であるが、“agonistic”（「アゴーン的」）という形容詞が含意するところは、次のように説明される。すなわち、自己と他者の関係が、二つの意味で“agonistic”であるのは、「他者によって疑問を呈された自らの信仰の要素を保持するという苦悩（アゴニー）を受け入れること、そして他者へ伝達する敬意に他者のアゴーン［競争］的な論争性を織り込むこと、である」（コノリー二〇〇八：二〇五）からだという。

この関係性を、次のように解釈してみよう。まず、自らの信仰が誤っている可能性がある（＝正しいということを証明できない）ことを認めつつもなおそれを保持し続けることは、即他者の信仰を否定する（＝他者の人格を否定する）ことになりかねないという精神的葛藤状態（＝苦悩）につながるが、その葛藤から逃避しないことによってつくられる関係性である。そして、自己と他者が平等であるという認識があって初めて、自己の信仰と他者の信仰との間でなされる討論が成り立ち、結果として他者に敬意を表することになるという関係性が構築できる、という見立てが成り立つのである。

こうした解釈が成立するとき、次に問題となるのは、アゴーン的関係を導く起動力は何かということだ。カントにしてもロールズにしても、正義を求めることは普遍的「義務」であると考える。したがって、その義務は、最初から果たされなければならないものとして構想されている。しかし、その義務感を起動するものが何なのかは、依然として問われなければならない。

たとえば、リベラリズム的「寛容」は、その一つである。寛容に関するコノリーの立場は、次のようなものだ。すなわち「リベラルな寛容は、権威をもった公的な中心を担う推定上の多数派によって、私的なマイノリティに対して示されるもの」であり、「人々が寛容に扱われることをさほど喜ばない」という現実があるのは、「自らの地位を当然と見なす推定上の多数派のなすがままになるという恥辱を伴うからである」というわけだ。そこに、普遍的なものとして構想される義務を支えにするリベラリズム的多元主義の限界をみるのである。

コノリーによれば、「義務の肯定は、明白な承認の一義的な表現というよりも、修養の倫理の二義的効果」であり、「義務の源泉と中身は、習慣や気質に結びついた社会的圧力」である。すなわち、「正義」を求めるとき、カントのように普遍的義務として課すのではなくて、「義務」の内実は、ある種の「社会的圧力」から構成されるものであるというわけだ。義務は、最初から無条件で普遍的なものとして構想するのではなくて、他者との出会いのなかで構成されると考えるわけだ。「義務は文化的生活におけるささやかな連帯に欠かすことができないもの」であるというのも、同じような義務を負い、ある種の義務を共有しているという感覚をもつことで初めて連帯が導かれるからだろう。「義務の肯定は、明白な承認の一義的な表現というよりも、修養の倫理の二義的効果である」というのは、はじめに義務ありきではなくて、むしろ、正義やより善き倫理の獲得を目指す修養の過程から付随的に生まれる効果であると考えるわけだ。たとえばその例として挙げられる「実効的な規範のある側面を修正するように他の人々に霊感を与えつつ先頭に立つ」聖人や英雄たちは、「永遠の法則に依拠した命令ではなく、魅力や新しい環境に適用される模範によって、…先頭をゆく」という説明に見られるのは、「義務」の感覚は、特定の時代の社会的環境のなかで、連帯に欠かすことができないものとして、必然的に生み出されるという視点である。

では、寛容でなければならないという、義務としての寛容の限界を超えてなお、正義やより善き倫理を求める起動力となりうるものは何か。コノリーの議論を敷衍すれば、「アゴーン的敬意」の起動源は何か、という問いになろう。おそらくその答えは、自己抑制、謙遜といった、個々人の内面で湧き上がる「慎み深さ」の感覚である、と言えるのではないだろうか。すなわち、（自己の信仰の正しさを証明できないという謙虚な意識に導かれて）他者の信仰に対して慎み深くあろうとすることによって（その結果他者を平等の地位に置くことになり）、異なる信仰をもつ他者との討論が可能となるのであり、そのような努力を怠らないことが（より善き生を求める）修養の倫理にほかならない。「義務の感覚は、その修養の倫理の二義的効果」であるというのは、そういうことだろう。したがって、義務の感覚は、異質な他者との出会いが不可避の当該社会のなかで、人びとを縛る共同体の規範への服従ないしはそれに対する抵抗、社会変革への意思を示す者に対する非難ないしは同調、従うべき模範を霊感と共に示す聖人や英雄たちへの抑圧ないしは喝采といった、人びとのさまざまな行為の関係的総体としての社会が必然的にはらむ圧力のなかで生み出されるのだ。「義務は文化的生活におけるささやかな連帯に欠かすことができないもの」となるゆえんだ。

結局、アゴーン的関係の構築を促すのは、他者に対する「思いやり」とか「慎み深さ」といった、私たち一人ひとりの内面に湧き上がる感情である、ということになろうか。コノリー自身随所で、（自らの信仰に対する）「ある種の自制と躊躇」「相関的な謙遜」「相対的な不透明性への配慮」「論争の余地」といった表現を繰り返し使っていることにも、そのことはうかがえる。また、「各集団の人々が、自らの内なる疑問、忘れっぽさ、不確かさに直面しており、それは他者が直面しているそれらの点を反転したものであるかもしれない」とし、人は自らの内面の「告白を通じて積極的につながる」

のであり、「ルサンチマンなしにこのような交差が探求されるとき、この交差は相互に認め合う党派間の公的な交渉に、寛大さと自制を注入する」といったプロセスを通じて、「アゴーン的な敬意の公的なエートスへと進化する」という説明からも、そのことは言えよう。

すなわち、"agonistic"であるということは、異なる信仰をもつ他者との出会いのなかで、自らの信仰は保持しつつも、自身の信仰が真に正しいのか、過剰なものを含んではいないかと自問し、知的・精神的葛藤に悩み続けることであり、またそれを可能にするためには、他者を自己と平等の立場に置いて、そうした他者同士が平等の土俵で討論を進めようと奮闘することでもある。日本語訳で「アゴーン的」が「競争的」と解釈されるのは、そのような意味で拮抗する関係にあるということを含意するからであろう。

もう一つの徳として掲げられる「批判的な応答性」も、このような関係性と密接に関わる。「批判的な応答性は、新しい集団や運動が要求する全てのことに、常には応じないということにおいて批判的である」というのは、異質の他者の信仰を受け入れられないとして即座に排除・抑圧といった対応をするのではなくて、ひょっとして自身の信仰には過剰がないかと省みるという点で自らに「批判的」であると同時に、共同体や集団が押しつける信仰に対して「批判的」であると解釈できるだろう。

このように、他者に対する「アゴーン的敬意」は、政治言語の脱構築にとって、最も重要な条件になっていることがわかる。おそらく言語政治学的転換と言ってもよいと思うが、どのような政治言語も（いかに細心の注意を払って中立性を標榜するものであっても）、それ自体常にある政治的立場を反映するものであるという「本質的に論争的な概念（"essentially contested concepts"）」［Connolly 1974］という捉え方を打ち出したのもコノリーである。どのような時代的状況においても社会的に優勢な政治言語が観察されるのであるが、しかし政治言語は、そもそもある特定の政治的意味を固定したいという欲望のもとに生み出され、また使われるものであり、たまたま特定の時代状況において受け入れられているに過ぎないのである。いわば、特定の政治言語は、「本質的に論争的な概念」を入れ込む器として機能していると言えるのだ。そうした政治言語を、一度解体して新しい政治的意味を込めるためには、自身が自らの信仰を語る政治言語の過剰を省みて、他者が自らの信仰を語る政治言語と比較し、あらたな政治的討論の場をつくりだす必要があるのだが、その際に求められるのが、「アゴーン的敬意」に他ならない。

もっとも、このような議論は、ある意味で堂々巡りに見えなくもない。正義の遂行が普遍的な義務である（普遍的義務感が正義遂行の起動源である）とすること。そうした義務を果たすために寛容でなければならない（寛容が義務の遂行を促す）とすること。あるいはコノリーのように、より善き倫理を探求する修養を通じて他者への敬意感情が育まれる（他者への敬意を促す倫理は、常に自らの信仰を省みる慎み深さによって涵養される）とすること。それらの起動源が、普遍的なものとしての「義務」感なのか、リベラルな「寛容」精神なのか、慎み深さなのか。一つ言えることは、慎み深くあろうとする行為は、この三つのなかでは、（実際に一歩踏み出してみようという気分を抱かせうるという意味で）最もその実践へのハードルが低いと筆者は考える。本書で考察した「恥ずかしさ」の感覚を呼び覚ますうえで欠かせないものである「慎み深くあろうとする感情」を直接働きかける対象が、「正義」や「義務」といった普遍的なものとして構想される抽象的概念そのものではなくて、現前で展開される具体的事象（または現前する他者）であるからだ。その意味でも、他者に対する"agonistic"な敬意の起動源は、「慎み深さ」と「恥ずかしさ」の感覚であると言えるのではないだろうか。

紙媒体による書籍の将来が憂慮される昨今の厳しい出版状況のもと、本書の出版をお引き受け頂いたみすず書房、そして編集を担当して頂いた島原裕司氏には心より感謝申し上げたい。こうして日の目を見た本書で主張してきたことは、一人ひとりがそれぞれの持ち場において、慎み深さを忘れず、恥の感覚を起動することによって、他者に対する誠実な対応をすることが求められるという、言われるまでもない当たり前の考え方にすぎない。だがそうした態度が、自分の側に余裕があるときだけのものであるならば、コノリーが批判するリベラルな寛容と変わらないことになろう。自らに余裕がないこうしたときにこそ、恥の感覚を圧殺した破廉恥なふるまいに至ることなく生きていけるのかどうか、今回の大震災は、あらためて、そのことを突きつけてきたのだった。

二〇一一年四月四日

菊池久一

参照文献

（本文中で引用・言及があるもののみ掲載。翻訳書の出版年は［訳書／原著］で表示）

アドルノ，T.W.（Theodor W. Adorno）2009/1951.『ミニマ・モラリア——傷ついた生活裡の省察』［新装版］法政大学出版局.

アガンベン，G.（Giorgio Agamben）2000/1996.『人権の彼方に——政治哲学ノート』以文社.

———2001/1998.『アウシュヴィッツの残りのもの——アルシーヴと証人』月曜社.

———2003/1995.『ホモ・サケル——主権権力と剝き出しの生』以文社.

———2005a/1993.『バートルビー——偶然性について』月曜社.

———2005b/2005.『瀆神』月曜社.

———2007/2003.『例外状態』未來社.

———2009/1982『言葉と死——否定性の場所にかんするゼミナール』筑摩書房.

アーレント，H.（Hannah Arendt）2000/1969.『暴力について』みすず書房.

———（ウルズラ・ルッツ編）2004/1993.『政治とは何か』岩波書店.

芦部信喜（Ashibe Nobuyoshi）1983.『憲法制定権力』東京大学出版会.

Assange, Julian. 2006a. "State and Terrorist Conspiracies" by me@iq.org, November 10, 2006.

———2006b. "Conspiracy as Governance" by me@iq.org, December 3, 2006.

ベネディクト，R.（Ruth Benedict）2005/1946.『菊と刀——日本文化の型』講談社.

バンヴェニスト，E.（Emile Benveniste）1983/1966 .『一般言語学の諸問題』みすず書房.

バーリン，I.（Isaiah Berlin）1971/1969.「二つの自由概念」，『自由論』所収，みすず書房.

ボロン，P.（Patrice Bollon）2002/1997.『異端者シオラン』法政大学出版局.

ボローニュ，J.C.（Jean-Claude Bologne）1994/1986.『羞恥の歴史——人はなぜ性器を隠すか』筑摩書房.

バトラー，J.（Judith Butler）2008/2005.『自分自身を説明すること——倫理的暴力の批判』月曜社.

シオラン，E.M.（E.M. Cioran）1967/1960.『歴史とユートピア』紀伊國屋

書店.
———1984/1969.『悪しき造物主』法政大学出版局.
———1986/1979.『四つ裂きの刑』法政大学出版局.
Connoly, W.E. 1974. *The Terms of Political Discourse*. Basil Blackwell.
コノリー，W.E. 2008/2005.『プルーラリズム』岩波書店.
ドゥルーズ，G.（Gilles Deleuze）2002/1993.『批評と臨床』河出書房新社.
フランクル，V.E.（Viktor E. Frankl）2002/1991.『意味への意志』春秋社.
布施哲（Fuse Satoshi）2008.『希望の政治学——テロルか偽善か』角川学芸出版.
橋本雅之（Hashimoto Masayuki）2009.（北山修との共著）『日本人の〈原罪〉』講談社.
服部文祥（Hattori Bunsho）2008.『サバイバル！——人はズルなしで生きられるのか』筑摩書房.
辺見庸（Henmi Yoh）2006a.『自分自身への審問』毎日新聞社.
———2006b.『いまここに在ることの恥』毎日新聞社.
———2008.「存在の剽窃」,『月刊現代』2008年6月号，講談社.
———2009a.『しのびよる破局——生体の悲鳴が聞こえるか』大月書店.
———2009b.『美と破局』毎日新聞社.
本田哲郎（Honda Tetsuro）2001.『小さくされた人々のための福音——四福音書および使徒言行録』（本田訳），新世社.
———2006.『釜ヶ崎と福音——神は貧しく小さくされた者と共に』岩波書店.
カフカ，F.（Franz Kafka）2006/1925.『審判』白水社.
カント，I.（Immanuel Kant）1976/1785.『道徳形而上学原論』岩波書店.
河合太介他（Kawai *et al.*）2008.『不機嫌な職場——なぜ社員同士で協力できないのか』講談社.
木村敏（Kimura Bin）2005.『関係としての自己』みすず書房.
栗原彬（Kurihara Akira）1977.「言語の政治学——基礎理論のための探求ノート」,『年報政治学 1976』（日本政治学会編）所収，岩波書店.
ルジャンドル，P.（Pierre Legendre）1998/1989.『ロルティ伍長の犯罪——〈父〉を論じる』人文書院.
———2006/1983.『真理の帝国——産業的ドグマ空間入門』人文書院.
レーヴィ，P.（Primo Levi）1969/1963.『休戦』早川書房.［2010（岩波文庫版）.『休戦』岩波書店.］
———2000/1986.『溺れるものと救われるもの』朝日新聞社.
レヴィナス，E.（Emmanuel Lévinas）1999/1935–6.「逃走論」,『レヴィナス・コレクション』所収，筑摩書房.

マッキンタイア，A.（Alasdair MacIntyre）1993/1981.『美徳なき時代』みすず書房.
マルクス，K.（Karl Marx）2008/1852.『ルイ・ボナパルトのブリュメール 18 日』平凡社.
メルヴィル，H.（Herman Melville）1856.『バートルビー』，アガンベン（2005）所収.
美達大和（Mitatsu Yamato）2009.『人を殺すとはどういうことか――長期 LB 級刑務所・殺人犯の告白』新潮社.
―――2010.『死刑絶対肯定論――無期懲役囚の主張』新潮社.
宮前ゆかり（Miyamae Yukari）2011.「メガリーク」の波紋――ウィキリークスが開いた「国境を越える新しい言論界」，『世界』2011 February no.813., 岩波書店.
森三樹三郎（Mori Mikisaburoh）2005/1971.『「名」と「恥」の文化』講談社.
村上春樹（Murakami Haruki）「僕はなぜエルサレムに行ったのか」「賞を辞退せよ、との声。それでも伝えたかったこと」，［独占インタビュー&受賞スピーチ］，『文藝春秋』2009 年 4 月号，pp.156–169. ）
長野晃子（Nagano Akiko）2009.『「恥の文化」という神話』草思社.
中井久夫（Nakai Hisao）1989.「「昭和」を送る――ひととしての昭和天皇」，『文化会議』239 号，日本文化会議.
中島岳志（Nakajima Takeshi）2007.『パール判事――東京裁判批判と絶対平和主義』白水社.
中野明（Nakano Akira）2010.『裸はいつから恥ずかしくなったか――日本人の羞恥心』新潮社.
中谷内一也（Nakayachi Kazuya）2008.『安全。でも、安心できない…――信頼をめぐる心理学』筑摩書房.
ネグリ，A.（Antonio Negri）1999/1997.『構成的権力――近代のオルタナティブ』松籟社.
緒方正人（Ogata Masato）2001.『チッソは私であった』葦書房.
大澤真幸（Ohsawa Masachi）2008a.「文明の接近＝衝突㊦――律法越えた非暴力主義」，『東京新聞』2008 年 5 月 1 日夕刊.
―――2008b.『不可能性の時代』岩波書店.
ペルクゼン，U.（Uwe Pörksen）2007/1988.『プラスチック・ワード――歴史を喪失したことばの蔓延』藤原書店.
ロールズ，J.（John Rawls）1979/1971.『正義論』紀伊國屋書店.
リクール，P.（Paul Ricœur）2009/1988–91.『レクチュール――政治的なものをめぐって』みすず書房.

佐高信（Sataka Makoto）2010.「「いいやつ」と「どうでもいいやつ」村上春樹」,『創』2010年8月号，創出版.

向坂寛（Sakisaka Yutaka）1982.『恥の構造——日本文化の深層』講談社.

作田啓一（Sakuta Keiichi）1967.『恥の文化再考』筑摩書房.

サンデル，M.（Michael J. Sandel）2010/2009.『これからの「正義」の話をしよう——いまを生き延びるための哲学』早川書房.

下嶋哲朗（Shimojima Tetsuroh）2010.「非業の生者たち——集団自決 サイパンから満州へ」第七回「いまも赤ちゃんが突然泣きやむと」,『世界』（2010 July no.806），岩波書店.

篠田博之（Shinoda Hiroyuki）2008a.「宮崎勤死刑囚に突如執行の衝撃」,『創』2008年8月号，創出版.

———2008b.『ドキュメント 死刑囚』筑摩書房.

末弘嚴太郎（Suehiro Izutaroh）1980/1922.『嘘の効用』（第2版，末弘著作集Ⅳ），日本評論社.

菅原健介（Sugawara Kensuke）2005.『羞恥心はどこへ消えた？』光文社.

杉田俊介（Sugita Shunsuke）2008.「誰に赤木智弘氏をひっぱたけるのか」,『ロスジェネ』創刊号，ロスジェネ.

竹内整一（Takeuchi Seiichi）2009.『「かなしみ」の哲学——日本精神史の源をさぐる』日本放送出版協会.

内沼幸雄（Uchinuma Yukio）1997/1983.『対人恐怖の心理——羞恥と日本人』講談社.

宇野重規（Uno Shigeki）2009.「「もやもや」感払しょくのために」,『毎日新聞』2009.3.16 岩手版文化面.

———2010.『〈私〉時代のデモクラシー』岩波書店.

山岸俊男（Yamagishi Toshio）1998.『信頼の構造——こころと社会の進化ゲーム』東京大学出版会.

著者略歴

（きくち・きゅういち）

1958年生まれ．コロンビア大学大学院修了．現在，亜細亜大学法学部教授．研究領域は，言語政治学，社会言語学．著書『〈識字〉の構造——思考を抑圧する文字文化』（勁草書房 1995），『憎悪表現とは何か——〈差別表現〉の根本問題を考える』（勁草書房 2001），『電磁波は〈無害〉なのか——ケータイ化社会の言語政治学』（せりか書房 2005）など．

菊池久一

〈恥ずかしさ〉のゆくえ

2011 年 5 月 10 日　印刷
2011 年 5 月 20 日　発行

発行所 株式会社 みすず書房
〒113-0033 東京都文京区本郷 5 丁目 32-21
電話 03-3814-0131(営業) 03-3815-9181(編集)
http://www.msz.co.jp

本文印刷所 シナノ印刷
扉・表紙・カバー印刷所 栗田印刷
製本所 誠製本

Printed in Japan
ISBN 978-4-622-07604-9
[はずかしさのゆくえ]